いのち、見えるとき

本多靜芳

法藏館

いのち、見えるとき*目次

I

お寺へ行こう〜――親鸞仏教入門――

Ⅱ　為されたことを知る――報恩講の意義――

装丁　井上二三夫

お寺へ行こう～

――親鸞仏教入門――

あなたの宗教理解度チェック

四月です。春爛漫《らんまん》。新入生や新入社員でなくとも、こころ爽《さわ》やかにウキウキしてくるような季節です。さて、第一回目はあなたの宗教理解度を知るアンケートです。「エッ？私は無宗教です」という人も、「私は、バリバリの門徒だ」という人も、まずは次の問いを読んで、正しいと思ったら○、間違っていると思ったら×をつけてみてください。

①「友引《ともびき》の日に葬式を出すと、友を引くといって、後に続く人がでる」（　）
②「お葬式に、清め塩は必要である」（　）
③「道中で霊柩車《れいきゆうしや》に出会ったら縁起《えんぎ》が悪い」（　）
④「先祖供養や水子《みずこ》供養をしないとよくないことがおこる」（　）
⑤「交通安全のお守りは必要である」（　）

⑥「丙午《ひのえうま》生まれの女性は、男を喰《く》い殺すから結婚しない方がいい」（　）
⑦「習俗・俗信にはおかしいものもあると思うが、自分だけ反対しても仕方ない」（　）

仏教という生き方からすると、これらの質問は、すべて迷信や俗信、おまじないや占《うらな》いであり、かたよった思い込みだということが分かります。実は、こういうアンケートをすることで、人間らしく生きることを邪魔《じゃま》し迷わせるものが現代にたくさんあることに気づいてもらいたいのです。

毎年、大学の新入生の「仏教」に対する思い込みや誤解を知るため、このアンケートをすると、「えっ、日の善《よ》し悪しは仏教の教えじゃないんですか。死んだ人のために仏教があるんじゃないですか」という答えが返ってきます。自分の思い込みに、アレッ？　と気づいてくれたらこっちのもの、大成功です。

自分で気づかぬうちに、多くの思い込みや常識に影響され、自分自身の生き方まで、迷信によって左右されていたのだと、自分が見えてきたら道は近いといえます。逆に、「私は大丈夫、私こそ間違いない」と思い込んでいたら、あぶないですよ。蓮如《れんにょ》さまは、「心得たと思ふは心得ぬなり」といわれます。あなたは、どうでしたか？

私の願い　仏の願い

　ある春の授業時でした。「よかった、合格できて」「誰が？」「（変な先生だなぁ？）私ですよ」「君の思いが満たされてよかったね。あれ、これナァに？」「〇〇神社で買った受験合格のお守りの鉛筆です」。私は知りませんでしたが、「お守りの鉛筆」まであるのですね。都合《つごう》が満たされれば、「おかげさま」、しかしそうならない時は、「神も仏もあるもんか！」ですか？　ここにも仏教を学ぶきっかけがあります。

　神や仏などにお願いして、自分の思いを遂げたり、おすがりをすることだけが宗教だと思い込んでいる人が多いようです。もっとも、テレビのニュース報道や番組を見ても、ほとんど宗教とは我欲《がよく》をみたすためのものという思い込みで放送しているようです。

　しかし仏教は、自分の身勝手な欲望を満たすためにあるのではありません。逆に、気づかぬうちに都合を求めていた自分に気づかせてくださり、多くの方々や、多くのいのちの関わりの中で頼みもしないのに生かされていたなぁ、と教えてくださるものです。

中国の善導大師《ぜんどうだいし》（六一三〜六八一）は、「経教《きょうきょう》は、これを喩《たと》うるに鏡の如《ごと》し」といわれました。仏の説法は大乗経典となって経《たていと》のように時代を超え人びとを育《はぐく》む教えとなり、それは喩えていえば私を照らし出す鏡となっているというのです。鏡は遠くにあったのでは自分が映《うつ》りません、だから暮らしの身近で教えを聴聞することがどうしても重要になってきます。近くにあっても、角度が違っていると自分でなく人の顔や姿を映します。私たちもせっかく仏教に出あいながら、「こんな話は、両親に聞かせてあげたい」、「うちのわがままな子どもに聞かせてやりたい」と自分を棚上げしていては、私を映しだす鏡になりませんね。人ごとで終わってしまいます。どこまでも、今、ここに私のことが教えられていたのだと、自分を映してくださるのがブッダ（覚者）の教え（仏教）です。

私たちの願いは、自分の都合を満たそうとする欲です。仏さまの願いは、欲ばかりで生きている私を気づかせようとする智慧《ちえ》であり慈悲《じひ》です。私たちの欲は、他のものと争って奪ったり、比較して優位に立ったりして、自分の思い通りにすることで満たされます。争いと比較という人間が自分で作り、それによって苦しみ悩んでいる「ものさし」を越えて共に救われる生き方を私が頼みもしないのに仏の願いは、恵んでくださっているのです。

閉ざされた私を開くもの

ある所で押ボタン式ポットからお湯を注ごうとすると、ボタンが動きません。開閉ツマミの色を確かめると赤なので再度、ボタンを押しましたがまったく動きません。よく見るとこのポットは青が「開」でした。私は自分の狭《せま》い経験から、すべてポットのツマミは赤が「開」だと思い込んでいたのでした。思い込みととらわれに気づかないと、このようにお湯がいただけなかったように、ありのままの姿や本来のあり方に出会えません。

さて、何が書いてあるのか分からないような文章を読んだことありますか？　文章が間違っていて意味が分からないこともありますが、私たちの思い込みが原因になって、混乱が起こることもあります。次の文を誰にでも分かるように、一言で説明してください。

二人の裁判官が、夕食の後で、仕事の話をしています。A裁判官が、B裁判官に、「もし、あなたが私の立場だったら、今日の被告の男をどう裁《さば》きますか？」と話しかけました。すると、Ｂ裁判官は、「私が、この質問に答られないということを、あなたはよく知っているはずです。なぜなら、五年前に被告の実の父親は死にましたが、それでも被告は私の実の息子でもあるのですよ」と返事をしました。

いかがです。大学で、この質問に正しく答えてくれる学生は毎年一割以下です。中には、「これは死んだ裁判官が喋《しゃべ》っている」という珍答もありました。ところが、「Ｂ裁判官は、この被告の母親である」と気づくと問題はたいへんすっきりします。裁判官は男性の職業という思い込みに縛《しば》られていませんでしたか。いかがでした？　これと同様に宗門学校の建学精神の仏教が、「死後のこと」「霊魂《れいこん》の問題」というように誤解されたり、自分の思い込みに振り回されて理解されている現状があるようです。

では、仏教と職業上の女性への偏見《へんけん》とどう関係あるのでしょうか。

それは、浄土真宗とは、すべての人が争いや差別の苦しみから救《すく》われなければ、私も救われることはないという阿弥陀如来の願いに生きる教えだからです。

思い込みに気づかずにかたよった視点を作り、他の人が大切にしている生き方を見下したり、奪ったりして悲しませている私たちです。「気づけよ、目覚《めざ》めよ、そしてわが身《み》の程《ほど》を知れよ」と喚《よ》びかけられている如来の願いを聞きましょう。

知識？　それとも気づき？

先日、ラジオでこんな話を聞きました。

母親がお風呂に水を張っているのを忘れて家事をしていました。たまたま幼稚園の子どもがそれを見つけて大きな声で叫《さけ》んだそうです。

「たいへんだぁ、お風呂が足りないよ！」

いかがです。大人の平均的な発想では、お風呂（桶《おけ》）が足りないのではなく、水があふれているといいませんか？　もちろん、そういう大人の常識がいつも間違いだというのではありません。ただ、思い込みに閉ざされていると違った見方があることに心が開きません。ラジオでは、こんな時、子どもを叱《しか》らずに、「そうね、でもお風呂が足りないから水を止めましょう」と教えてやると柔軟《じゅうなん》な感性《かんせい》が伸びます、といっていました。

さて、前項での裁判官が被告の母親だという説明を聞いても、すぐに理解できない大学生がいました。それほど、裁判官は男性という思い込みは強く、執《と》らわれやこだわりになっています。また、学生には異なった反応がありました。

「なるほどね、日本の社会に生きる私たちの中に無意識にしみこんでいる性による職業の固定観念があるのですね。しかも、それに縛《しば》られて誤解していたことに気づかなかったんですね」と、知識として「なるほど」と見抜いていく鋭《するど》い反応がありました。しかし、これはひと事です。どこかに、本当は私は違うのだ、といったいい逃《のが》れが控えているのではないでしょうか？

「えー、私って結構、男女雇用機会均等法や夫婦別姓問題など性差別に対して意識的に生きているつもりだったのに。思いもよらなかったなぁ」「私もよ、悔《くや》しいなぁ」と、自分を通して自分と社会の変な常識に目を向けはじめた学生もいます。

気づくということは、私自身の姿の愚《おろ》かさを通して初めてしっかりと実を結んでいくのではないでしょうか。教育学者林竹二先生は、「学ぶことは、変わることである」といわれます。お念仏の教えとは、私の思い込みの姿が、イノヴェーション（変革）することです。

無宗教という名の宗教?

多くの日本人は、「家《うち》は仏教徒だ」と思ってます。しかし、「仏教とはどういう教えですか」と聞くと、あいまいな言葉や誤解した答えが返ってきます。ところが、宗教そのものには無自覚ですから、「あなたの宗教は?」と聞くと「無宗教だ」といいます。中には、「家は仏教だが、私は無宗教だ」なんていう人はいませんか?

「仏教」といいながら、まったく違うものを同じ言葉で呼んでいることもあります。

これは大学の教室で出会った言葉です。

「私は父の十三回忌《かいき》法要の間、『仏教は葬式のためにあるのではないし、親鸞さま(一一七三~一二六二)は死んだ人のために念仏を称《とな》えたことは一度もない』と仏教学で学んだことをずっと考えていました。仏教を正式に学んだことのない母は、仏教はお葬式をするために作られたものであり、宗派はお墓をつくるために決められたものと思っていました。

妹は他大学ですが、仏教を学んでいるので、それを聞いて二人して失笑しました。先生がおっしゃったようなことを話すとびっくりしていました」

とても笑うことなどできませんが、世の宗教や自分の宗教心をまったく知らず、気づこうともしない自分のことを日本人は無宗教といっているのでしょう。しかし、それはときにたいへん無責任で、大切なことを空《むな》しく見のがすことになるようです。

毎朝手を合わせ、春秋の彼岸やお盆には墓参をし、初詣《はつもうで》や節分《せつぶん》など季節行事にお参りをする日本人に、宗教心がないのではありません。仏教などの教えを聞こうとはしないけれど、習慣や風習になっている宗教は無条件に引き受けているのです。

このお母さんは、習慣や風習になっているものを「仏教」と呼んでいます。しかし、それはお釈迦さまや親鸞さまがお示しになる仏教とは随分違ったものです。

「ご法事は『仏法にあってね』と亡き人のお催促」といわれます。仏法に縁遠かった者が教えに出あい、大切なことに気づかされるのです。

お釈迦さまは、共に生かされている量《はか》り知れないいのち（無量寿《アミタ》）にお礼をなさいと教えます。親鸞さまは、この教えに遇《あ》わずにいると「空《むな》しく過《す》」ぎますよといわれます。ああ本当はそうだったのか、私は思い違いをしていたと気づかせてくださるのが仏教です。

欲を拝んでいた私

仏教を聞いている人でも根深いところに必ず抱えているのが自分の都合です。

「娘の目が悪くなり始めたので、お医者さんや薬を遠くまで求めたけれど一向に良くならない。この上は、家のお仏壇の阿弥陀さまにお願いするしかないと朝晩お念仏を称えていたら、不思議と目が良くなり字が読めるようになった。これこそ、阿弥陀さまのご功徳《くどく》、お慈悲です」とある御門徒のお母さんが語っていたそうです。皆さんは、どう思います。

「阿弥陀さまなら、そのくらいのご利益《りやく》はありそうだ。実際、この母娘《おやこ》だって治ったからな」といった人間の都合の声があちこちから聞こえそうです。では、真実をお説きになる仏・如来はなんといわれるでしょう。

「あなたたちは、いつになったら分かってくれるのだ。この世には、自分の身勝手な都合を満たしてくれる神仏などどこにもいないのだということに気づいてくれと、御仏《みほとけ》がたは一所懸命伝えようとしているのだよ。そして、都合ばかり、欲ばかりをおいかける自分の身の程を知ってくれよ。そこが、いつでもどこでも共に救われる要《かなめ》だよ」と。これが道理のお言葉です。

法然上人（一一三三～一二一二）は、「祈るによりて病《やまい》も息《や》み、いのちも延《の》ぶることあらば、誰かは一人として病み死ぬるものあらん」といわれました。

この世は、そうなる縁があればそうなり、そうなる縁がなければそうならぬのです。そうなる原因に、条件（縁）がととのい、結果となる。これを、因と縁によって、すべてのものは生起している因縁生起《いんねんしょうき》（縁起《えんぎ》）といいます。病が治《なお》るのも、治らぬのも、すべてさまざまな因と縁で生起するのです。都合が満たされればおかげさま、満たされねばご利益がないというなら、縁起という真実の道理を示す如来さまを拝んでいるのではなく、自分の欲望を拝んでいるわけです。

仏教は、どこまでもこのことを私に呼びかけます。神仏の神秘的な霊力によって欲を叶《かな》わせ、奇跡をおこすのが仏教ではありません。すべての事象は、縁起によるのであり、唯物論者でも、他宗教の人でも、そして釈尊といえどもこの道理を無視することはできないのです。こうした道理をこの私に教えてくださるはたらきを阿弥陀如来さまと呼びます。

迷いを拝む私の迷い——罪福信仰——

お守り札《ふだ》を踏めますか？　では、なぜ、踏みづらいのでしょう。目に見えるものだけ、役に立つものだけ、つまり科学的で経済的なものだけ価値があるという近代的な生き方をしているつもりの私たちでも、気づかない深いところに、もっと尊い世界を受け継いでいるのかも知れません。しかし、それでいいと言い切れません。仏教を聞かないと自分の都合だけでものを見ているという危《あや》うさがつきまといます。たとえば、拝めばいい目にあえる、拝まなかったり踏んづけたら悪い目にあうという思い込みにふり回されたり、たぶらかされたりしているだけかもしれません。中には、持っているだけで心理的に安らぐと主張する人がいますが、それは常に持っていないと心理的に不安になることの裏返しです。

こういう不安を作るものを迷いといいます。迷いとは、「ま」と「酔い」からできたと聞いたことがあります。「ま」は、ものごとを強める言葉で、まっしぐらとか、真西と使われます。「まよい」とは、酔いの状態が強いことです。

お酒を少し飲んだ人に、「お酔いになりましたね」と聞くと、「はぁ、少し」と返事があります。しかし、相当きこし召《め》した人に聞くと、「おれぁ、酔ってなんかいねぇぞ。もう一本だぁ」なんていいます。酔いが強いと、自分で酔っていることが分かりません。迷いも同じで、自分で自分の状態が分からないのです。

迷いが作りだした宗教を偽《ぎ》といい、親鸞さまはこれを罪福信仰《ざいふくしんこう》といいます。日本にはこれにからむ社会問題が多く、最近は霊感商法などともいわれます。大理石の壺、朝鮮人参、開運印、背後霊、先祖霊、水子霊、墓相、方角、字画、干支《えと》、血液型、星座占《うらな》い、風水占いなどで人をだまします。

しかし、これも仏教という鏡に自分の姿を映し出されると、迷っているのは先祖の霊ではありません。本当は、「都合の悪い罪は自分の蒔《ま》いた種でも逃れたい、都合の善い福は何がなんでも欲しい」という罪福を信ずる心を宗教と間違えているこの私の方だったと気づかされます。霊感商法とは、お金を巻き上げる偽の宗教団体だけではなく、だまされる側に罪福信仰があるから成立するのです。宗教に無自覚な日本人の生き方（無宗教）が私の根底にあると気づくと仏教徒らしい生き方が恵まれますね。

何が本物？　誰がニセモノ？

新入社員の研修でお寺に泊まる合宿があるそうです。なぜお寺で研修をするのでしょうか？　それは会社の意向では、お寺で研修すると精神が修養され立派な社員になって、会社の業績を伸ばすのに役立つ人間になると思われているからでしょう。いつの間にかお寺は会社の利潤追求のために利用されるところになっているようです。

きっと、お寺にお参りすることやそこに住むことは、会社にとって、さらには社会にとってよい人間になるはずだという世間の思い込みがあるからです。だから何かあると、「お寺の住職ともあろうものが」というような目で見られがちなのです。

もちろん、仏教は何もわざわざ悪いことをしましょうといっているのではないのです。本当は、立派でないくせに、自分をごまかしていくことはお恥ずかしいことだと教えるのが仏教という教えです。

仏教は我欲《がよく》を満たすため拝んだり祈ったりする教えでないということは理解しやすいでしょう。しかし、仏教は精神修養のためにあるという誤解はなかなか根深いようです。それほどまでに、私たちは自分を棚上げして善を貪《むさぼ》ろうとしている姿があります。

考えてみると、現世利益《げんぜりやく》のために仏教を手段や道具として利用するのはけしからんという人も、役に立つ人間を作ったり、人から立派な人間であるといわれたいという心を満たすために仏教を利用している自分には気づきにくいようです。

仏教は、本当の自分の姿に気づかされて、自分自身を回復する生き方を恵んでくれます。そして、私の中には真実にめざめた姿どころか、不真実の迷った姿ばかりがあったということを教えてくれます。親鸞聖人というお方は、そのような自分の姿を阿弥陀如来さまという大きなはたらきによって気づかされました。

世間では、有用性や経済性という基準で人間を判断します。だから、役に立たぬことより、役に立つこと、業績や成績の高いことが善とされるのです。しかし、仏教は世間の損《そん》得《とく》ソロバン勘定を満たしていく教えではありません。何が真実か、何がニセモノかを明らかにしてくれます。それが道理を説いた仏教です。道理の前に立たされると、恥ずかしながらニセモノなのに、本物のような顔をしていた自分が知らされます。

無くしたいが、無くならない

　過日、家の前を掃除《そうじ》していました。最初は乗り気でなくとも、だんだんきれいになると、「気持ちいいな、爽《さわ》やかだな」と体感し、掃除をしている自分に満足できます。ところが、そんな清々《すがすが》しい気持ちがおこりながら心の中では、「今のうちに誰か来て、『住職さんご苦労さま』と、掃除をしている私の姿をほめてくれないかな」と、人から認められ素晴らしい人だといって貰《もら》いたいと名声《めいせい》を求める恥ずかしい根性が鎌首《かまくび》をもたげます。

　ところで、仏教を聞いていながら、こうした我《わ》がままな心はなくならないのはどうしてだろうと悩む方が大勢いるようです。そして、そういう方は、仏教を聞くと「愚《おろ》かな人間が立派な人間になれる」、「煩悩《ぼんのう》がなくなり精神が修養できる」、「喜びにあふれ腹が立たなくなる」と思い込んでいるから、よけい悩むのです。

　もちろん中には、仏教の道理《どうり》を聞いて立派な優等生の人生を送るご縁に恵まれる人がいるかもしれません。しかし、私たちの心はそれほど簡単に変わるものではありません。縁に触れるとコロコロと変化しやすいものだから「心」という言葉ができたと聞いたことがあります。「こうすべきだ、ああしてはいけない」と頭では分かっていながらも、なかなかそうなれない煩悩《ぼんのう》だらけの心をかかえているのが私たちなのです。もちろん、立派な人間になり、優等生の人生を送りたいという思いが私にないわけではありませんが、同時に名声を貪《むさぼ》る根性がつきまとうのです。「「凡夫《ぼんぶ》」といふは、無明煩悩《むみょうぼんのう》われらが身《み》にみちみちて、欲《よく》もおほく、いかり、はらだち、そねみ、ねたむこころおほくひまなくして、臨終《りんじゅう》の一念《いちねん》にいたるまでとどまらず、きえず、たえず」と親鸞聖人は教えてくれます。

私たちはさまざまな条件（縁）に触れると自分の都合次第で喜怒哀楽《きどあいらく》という結果を生み起《お》こす煩悩を我《わ》が身に抱えて生きているので、その自分に気づかされることはあっても、簡単に無くすことはできないのです。自分では思い通りにならないこうした心をかかえた愚かな私たちが、本当に救《すく》われる道を自分の身、「わがおんみにひきかけて」（『歎異抄』「後序」）明らかにされたのが親鸞聖人という方でした。

知識として仏教を心の中で聞いても、そこに我が身を通した実感がともなわないと、仏教は生きた教えになりません。これを確かめることを仏法聴聞《ぶっぽうちょうもん》といいます。

縁起——支え合ういのち——

オーケストラでブラームスとベートーヴェンの交響曲を聞きました。たくさんの楽器が重なり合い織《お》りなす音は、繊細《せんさい》な表情から重厚なものまで幅広く、目に見えない大きな建物を作り上げていくような印象を受けました。

弦楽器、管楽器、打楽器など違った種類が集まって、単一な楽器では醸《かも》し出せなかった音が生まれます。一つだけでは、決して生まれなかったものが、違ったもの、異質なもの同士が集まることで、思いもよらない世界が生まれます。そして、喜びを与えたり、生き甲斐《がい》をもたらす演奏になることさえあります。

しかし、一方だけが自分を主張してしまい、相手を認めないようなとき、音楽が調和をなくすことがあります。だから、同じ楽団で、同じ指揮者で、同じ曲目を演じていても、そのとき、そのときで、生まれる音楽は、これまた微妙《びみょう》に異なるものであって、同じものは二度と生まれません。

お釈迦さまが、この世をありのままに、人間の都合を超えて見たのがさとりです。そのさとりの立場で見ると、この世はあらゆるものがまるで網《あみ》の目のように他のものと関わり合い、支え合い、影響しあって成立しているのです。それだけで他との関係なしに成り立つもの（我《が》）は一つもないのです。これを諸法無我《しょほうむが》といわれました。

お経には、この世のあり方はこの網の目とあの網の目というようにすべてが関わり合って初めて大きな網を作っていると説かれています。このように、この世の中でなに一つ、なければいいものなどないのです。私などいなくても世界は変わらないという人がいますが、これは縁起の教えからいうと誤りです。すべては網の目のように関わり合っています。あなたがいなかったら、この世界は今のように成り立ってはいないのです。

オーケストラでは、最後までじっと静かに出番をまっているシンバルも印象的です。みんなみんな、それぞれの出番があるのです。そこにいる限り、大きな曲を作り出す、なくてはならない楽器なのです。なくてもいいものなどないのです。みんな、この世に平等に生まれてきたのです。それを教えてくださるのが、すべては支え合って成立しているという縁起の教えです。

共命鳥――共なるいのち――

体は一つなのに、頭は二つという共命鳥《ぐみょうちょう》と呼ばれる鳥がおりました。いつも一緒にいるのに、たいへん仲が悪かったのです。

ある時、一方が「あいつは調子が良くて、いつもいい目に合ってけしからん。少し痛めつけてやろう」と思って、わざと毒の実をついばみました。案の定、同じ体ですから相手は苦しみ始めました。しかし、「ざまを見ろ」と見ている自分も苦しみ始め、やがて共にいのちを落としたとお釈迦さまはお説きくださいました。

あらゆるいのちは、すべて他のいのちと関わり合って生きています。他のいのちと完全に離れた生き方などはできません。つまり、お互い、ここまでが私で、そこからはあなたといえない大きなつながりの中、つまり縁起の中で共に生かされているので、一如《いちにょ》（一つの如し）といわれます。

今日、食糧、エネルギー、遺伝子組換《くみか》え、エイズ、脳死・臓器移植、核兵器、原発、民族・人種差別……などの問題は、まったく全世界、つまり地球規模の共有の問題です。お釈迦さまは、私たち人間も共命のいのちを生きていることを教えてくださっていたのです。

一如の世界は、どうせ一緒の世界だからいいじゃないかといって問題を曖昧《あいまい》にすることを教えているのではありません。一人ひとりが全人類と、いや、すべてのいのちと共に生きている共生《きょうせい》という厳《きび》しい自覚《じかく》をもたらしてくださるのです。

あらゆるものが、他との関わり合いの中で成立してきたのに、自分の狭い考えや尺度でこれは都合が良いから残し、これは都合が悪いから排除《はいじょ》して切り捨てたら、結局、自分自身の存在も排除されるものになります。どこまでも「共に」「御同行《おんどうぎょう》 御同朋《おんどうぼう》」という世界を呼びかけてくださるのが如来さまの教えです。

相手と争い、奪ってでも自分の都合が満たされれば豊かであり、幸せであるという人間の営《いとな》みは、身近には都合のよいいのちだけを残そうという遺伝子組換えや遺伝子治療という形で問題となっていますし、人類の共通の課題としては戦争という形で現れます。その迷いの営みを高い所に立って人ごととして批判するのでなく、我《わ》がこととして悲しむ心こそ、大悲《だいひ》をいただく仏教徒の生き方です。

遠足がイヤ――まっさらな毎日――

最近、遠足を嫌《いや》がる小学生が増えているそうです。エエッ！　どうして？　と私も初めはまったく想像もつきませんでした。ところが、理由を聞いてみて、改めて驚きました。それは、帰ってから出す課題の感想文が重荷になっているからだというのです。しかも、この話には、点数をよくしたい生徒は、弁当は忘れてもメモ帳は必ず持っていくというオチまでありました。

遠足は、かつて、前の晩、眠れないほど楽しくて、嬉《うれ》しい行事でした。それが、今や子どもの成績を管理するものになってしまうという少し寒いお話です。なぜ遠足が楽しいかといえば、教室とはまったく違う、予想もしない、ウキウキするような出来事が起こるからです。

たとえば、ふだんは目立たなかった子が、虫取りの達人だったり、乱暴ものが乗り物酔いの友だちを励ましたり、逆に強がりの子が我《わ》がままだったりと見えなかった姿にハッとさせられたりします。そればかりか、同じ一日なのに一度限りの今日の出来事が、愛《いと》おしくなるような懐《なつ》かしさで心のページに残るからです。

遠足は、この実感が大切なのです。ところが、それを型ではめたような感想の文章にさせられ、採点され評価されてしまうことでワクワクした実感を封じこめられてしまうことに、子どもたちは、何ともやりきれない感じがするのでしょう。

遠足ばかりではありませんね。今日の一日は、宇宙始まって以来、まっさらな一日なのです。二度とない今を精一杯生きる道が念仏だと如来さまは教えてくれます。念仏を申しつつ生きるというのは、如来さまの「気づけよ、目覚《めざ》めよ、身の程《ほど》を知れよ」という喚《よ》びかけを聞かせていただくことです。

もし、生き生きした実感を言葉で何でも表現できると考えると、「こういう計画を立てれば、必ずウキウキするはず」という寂《さび》しい設計図の生き方に落ち込んでしまいます。遠足だけでなく「夏休みも嫌だ」なんていう子どもが出てくるかどうかは、大人であるこの私の生き方に関わっているのではないでしょうか。

明日は明日の風が
――無常の世の中――

東京在住の大学生などが集《つど》い親鸞聖人の教えを通して仏教を学ぶ、長い歴史を持つ勝友《しょうゆう》会《かい》というサークルがあります。

ある女子学生がその会で、「仏教では諸行《しょぎょう》無常《むじょう》で、明日が来るかどうかわかりませんよね。私、仏教徒だから食べ物を冷蔵庫に残す人、大嫌いなんです。明日は来ないかもしれないんだから、今日、全部食べなきゃいけないと思いません？」と、憎《にく》めない真剣な眼差《まなざ》しで質問してきました。

「そうだね、じゃあ聞くけど、君、お財布持ってるね。そう言ってる君も明日がわからない。だから、帰りの電車賃だけ残してあとは全部、僕に渡してしまいなさいよ」というと、目を丸くしたかと思ったら、その場に居合わせた学生たちと一緒になって大笑いになってしまいました。

諸行無常、諸法無我《しょほうむが》、涅槃寂静《ねはんじゃくじょう》の三法印《さんぼういん》が仏教の道理です。無常とは、「どんなものでも変化しているから、自分の都合で立てたアテ事はアテにならないですよ」という教え。無我とは、「どんなものでも他との関わりあいで成り立っているから、それだけで成立するものはなく、自分の都合で思いのママにしようとしても、ママにならないですよ」という教え。そして、「この二つに本当にうなずけたなら、煩悩があってもそれに振り回されない完全燃焼の心穏《おだ》やかな生き方に恵まれますよ」ということが涅槃寂静という教えです。

ところが、自我の都合で生きている私たちは、仏教を聞くときも、「この教えを聞いたら、こうなるはず」とアテ事をしがちです。だから、無常の教えを聞いてもアテ事して決めつけます。そして、気づかぬうちに自分を正義にして相手を裁《さば》いてしまいます。

しかし、相手を裁くとき、同じ理屈で自分も裁かれてしまいます。仏教は相手を裁くための理屈を説いているのではありません。この私に向かって、「あなたはどうですか？」と喚《よ》びかけてくださっているのです。だから、この私の姿に気づかされて、救われていく教えなのです。そして、思い上がって相手を裁いていく私に気づかされると、それ以上、相手を裁くことのできない世界が開かれます。これが「われ、ひと、共に」という世界です。

どんな人だと思ったの？——無我の教え——

「仏教を聞いていたら、すべては変化し無常だから何事もアテにならぬとか、すべては縁起という相互依存成立関係で互いに持ちつ持たれつの無我《むが》だから何事もママにならぬというけれど、世知辛《せちがら》いこの競争社会でそんなことをいっていたら弱みにつけ込まれます」とある大学生がいいました。

「した手に出て頭を下げたら、向こうもした手から頭を下げてくれるならいいけど、向こうがつけ上がって、つけ込んできたら……」というわけです。が、つけ込んできたら、どうなんでしょう。向こうがつけ込み、こちらの思いのママにならない、割りが合わないといいたいのですね。

ここに、そうだったなぁと気づかされる一点があります。よく私たちは思い上がって、「こんな奴《やつ》だとは思わなかった」といいますが、「では一体どんな人だと思っていたのか」

という自分の見立て違いや、ママにしたいの思い込みを振り返ろうともせず棚上げしています。そして、自分はいつも正しい、善人、被害者と思い込み、相手はどこまでも、間違い、悪人、加害者と裁いていく根性を深いところで抱えているから、どうしても自我の執《と》らわれから離れられないのです。

この自我の思い込みで他との関わりを忘れて、自分や相手を自分の思いのままになるはずと偏《かたよ》って決めつけます。この思い込みをつくるもとを仏教では「我《が》」といいます。しかし、物事をありのままに見るさとりの目から、そのような「我」は本来ない、と「無我」を説いているのです。

間違った私の我の姿をギリギリまで見つめたお言葉が、「われはわろし」（『蓮如上人御一代記聞書』）です。しかし、この私はというと、「誰の輩《ともがら》もわれはわろきと思う者一人としてもあるべからず」（同書）と、ちっともギリギリの生き方をしていないのです。

そこに向こうから（事実、現実、つまり真如《しんにょ》から）あなたのママにならないぞ、という形で私を見つめるギリギリの生き方が突きつけられます。このことを教えてくださるのが如から来たもの、つまり、如来の本願力、念仏の喚《よ》びかけというのでしょう。ママにならぬ、南無《なむ》と頭の下がった生き方、そのものが無我ですね。

完全燃焼の生き方——南無——

電車の中で、競馬新聞を開いていた人が、「また、負けやがって、はずれた、はずれちゃったよ」とぼやく姿を見ました。色々と事情はあったにせよ、最終的には自分の決断で馬券を選んだのでしょう。そうやって「はずした」場合でも、「はずれた」とまるで被害者のようにいいます。

自分の思い違い、見込み違いには指一本も触れようとしないのが私たちです。だから、なかなか自分の責任を問いにする生き方は生まれません。自分不在の人任せです。でも、人ごとではありません。

おとせばこわれる茶碗が　今ここにあると気づけば
茶碗のいのちが　輝いて拝めます（『いのち』）

と故東井《とうい》義雄《よしお》先生（一九一二〜一九九一）は教えてくれます。

茶碗のいのちとは、飲み物を容《い》れてくださるはたらきということでしょう。自分が茶碗を割っても、「割れた」と人ごとのようにいって、責任を回避したがる私です。この詩の茶碗のところに私たちのいのちを入れてみると、それまでのものの見方が百八十度ひっくり返りませんか。

自分抜きで、人ごとという外向きだった見方が、さまざまなことをご縁に自分を通して我《わ》がことという内向きに見るように見方が転じられることを、如来の回向《えこう》（お恵み）による回心《えしん》（心が転回する）といいます。

一般に私たちは、「あんなことしなければ」と後で悔《く》やみます。しかし、如来回向に出会うと「あんなこと」と人の責任にしていた自分の生き方が転じられます。

仏教の涅槃《ねはん》という完全燃焼の生き方を教えられ、聞かせていただくと、「ああせざるをえない私だった」と我が身を逃げ隠《かく》れしないで、ありのままに引き受けていく生き方が、いつのまにか恵まれています。この恵まれた心を南無（頭が下がる）といいます。

南無は自分の都合をもとにして作り上げた心ではありません。だから、相手を責めたり、対立することを超えた、本当に楽で穏やかな生き方が恵まれるのです。

いのちが見えているか？――不殺生の教え――

黄緑《おうりょく》色系から青紺《せいこん》色系の迷彩《めいさい》服に替えることでハンター同士の誤射を防げるようになったという アフリカの話題が、二年ほど前に海外ニュースで伝えられていました。

この報道の時、テレビのアナウンサーは、「しかし、人間のいのちは助かっても、動物のいのちを殺すことには変わりありません」という短いコメントを加えました。

この言葉が心に残りました。そして、いわれなければこのような当たり前のことに気づかない私がいたことにも気づかされました。

ある法話で、「昨年の交通事故の死亡者は、前年の死亡者より減りました、と聞くと、良かったなと思うけれど、その死亡者の中にたった一人でも自分の知り合いが含まれているだけで、良かったとはいえなくなります」と聞きました。

この言葉も、心に残りました。最近、交通事故・自然災害・殺人・自殺などによる死亡報道が日常的になりつつあります。すると、生命《せいめい》の死が数量的に知識として分かっても、いのちの事実としての死ということが実感として分からなくなってきているのではないでしょうか。

仏教では、出家も在家も通じて守る五戒を説きます。戒とは、自らが誓う約束で、決して外から強制されるものではありません。その第一が、不殺生戒《ふせっしょうかい》です。生き物のいのちを殺さないということです。

誰もがもっともだと思うかもしれませんが、実際に守ろうとすると食べ物一ついただけません。では、意味がないのでしょうか。そうではないでしょう。いのちを殺すまいと誓いを立てる生活が、逆に多くのいのちをいただいていながら気づかずにいる私を教えてくださるのです。

仏教徒は食前に、私のいのちとなるため殺されたいのちにいただきますと合掌します。気づかない私だからこそ、いのちあるものを殺さずには生きていけない私だと気づかせようという仏さまの願いがここに込められています。

汚染魚や狂牛病を問いにする私ですが、その前に魚や牛を食う権利ありと思い込んでいた私も問われているのですね。

いつも支え合って——水平・共生の関係——

ラジオを聴いていると、台湾での大地震のニュースを報道していました。世界から集まった報道陣が現地の被災者の人びとから、道を教えてもらったり、取材の手伝いをしてもらったりしているのだそうです。アナウンサーは、その場を借りて、「現地のみなさん、本当にありがとうございます」とお礼をいっていました。私は、これを聞きながら、「ああ、本当にそうだったなあ」と気づかされました。

ステレオタイプ（ステロタイプ）という言葉があります。紋切《もんき》り型とか、常套句《じょうとうく》という意味で使われます。社会科学用語として使われると、ある社会の固定概念という意味となり、マスメディアによって画一化された固定観念も意味します。

私たちは、物事を受け止めるとき、何の躊躇《ちゅうちょ》もなく、一般的で常識的なものの見方をします。そして、その見方で、目の前のものを決めつけますが、そのとき、実は相手の本当の姿を見逃《みのが》し、さらに真の姿を無視していることが多いのではないでしょうか。

地震の被災者といえば、いつでも、どこでも、どんな状況でも、助けられる側の立場だという見方は偏《かたよ》っています。むろん、被災者に対して十分な援助をしなければならないのはいうまでもありません。しかし、その場合でも仏教の視点を通せば、上の立場からしてやるのではなく、お互い縁起という関係の中でさせていただいているのです。

当たり前のことですが、被災者も、実は共に社会に貢献しているのです。ボランティアをしたことがある人は実感されることでしょうが、癒《いや》されるのは、される立場ばかりでなく、する側も「喜んでもらえた。お役に立っている」と自分が癒されるのです。

かつて、林家木久蔵《きくぞう》師匠がリューマチ痛の患者さんに笑うことが効果があると招かれて、一席落語をしたところ本当に痛みがとれたことが、医療の学会誌に紹介されました。当時、スランプだった師匠自身が自信回復して逆に救われたそうです。

「なぜ、そんなに効《き》き目があるのですか」「だって、私の名前はキクゾウ（効くぞう）」ですって。

天気は日頃の行いか？——目覚めの教え——

秋は、屋外に出て体を動かしたり、自然に親しんだりする季節ですね。

そこで、気になるのは天気です。よく、「皆さんの日頃の行いがよかったから、今日は良い天気に恵まれた」という言葉を聞きます。

もちろん私たちは、日頃の行いと今日の天気は何の因果関係もないことは、よく分かっています。でも、こういうことをいいたがるのですね。色々な理由が考えられるでしょうが、私たちの心の奥底にある考え方と関係があるようです。

「こう見えても日頃はよいことをしているんだ」とお互い認めてもらいたいのだけれど、面と向かってそんなことをいうことは、憚《はば》かられるものです。それで、わざわざ今日の天気を引き合いに出しているのではないでしょうか。

でも、雨が降ったら「皆さんの日頃の行いが悪かったから、今日はひどい天気でした」

とはいえませんね。このように、天気を引き合いに出しているのは、いつでも自分を何とか正当化しようとする時です。

かくして、日頃の行いの後ろに隠《かく》れている私の思いは、気づかなかったけれどもいつでも自分の都合でものを考えたり、話をしていたりと、お恥ずかしいかぎりです。

そういう私の姿に、「気づけよ、目覚《めざ》めよ、そして、いつの間にか思い上がっている身《み》の程《ほど》を知りなさい」と喚《よ》びかけてくれているのが阿弥陀如来という仏さまの願いであり、南無阿弥陀仏という喚びかけです。

ところで、何気なく、「良い天気、悪い天気」と使う私たちですが、実は気象庁では「良い、悪い」とはいわず、できるだけ「晴れ、雨、曇り」などと伝えるそうです。

あれ！　これまた、気づかされます。考えてみれば、紅葉《もみじ》狩りの日に晴れれば「良い天気」ですが、町内会の清掃奉仕の朝、雨降りならば掃除をせずに済みますから、「良いおしめり」になってしまいます。

天気の呼び方一つでも、目を覚《さ》まされます。しかし、これは天気だけのことでしょうか。実はすべて「私にとって、都合のよい、悪い」で物事を見ているようですね。

お経は私を知る鏡

秋は、旅行や文化祭、そして報恩講などさまざまな行事が続きます。集合写真を撮《と》る機会も多いと思いますが、皆さんはいかがです?

ところで、お尋《たず》ねしますが、集合写真を撮った時に、誰の顔から探《さが》しますか?「いわなくてもわかっているでしょう。自分の顔からです」というお方がほとんどだと思います。一緒に写ったお友だちでも、また家族でも、あるいはお寺のご住職でもなく、まず、自分から探すのが私たちですね。

ある僧侶《そうりょ》が、「こういう所にも、人間の気づかない自分中心の姿に気づかされます」とおっしゃっていました。いわれてみれば確かにそうだなぁという感じがします。

ところで、またお尋ねしますが、その写真に写っている自分の顔を見てどう思いましたか?「私って、どうしてこんなに美人なのかしら」「俺《おれ》はハンサムで困るな」とお感じになった方は少ない思います。むしろ、「この写真、よく写っていない」とか、「撮るタイミングが悪かった」と思いませんか。

試《ため》しにその「良く撮れていない自分の写真」をお友だちに見せて感想を聞いてみてください。すると思いもかけない返事が返ってきますよ。「良く写っているじゃない」とか、「あなた、そのものよ」という愕然《がくぜん》とするような指摘があるかもしれません。

でも、考えてみればカメラは嘘《うそ》をつかないでしょう。写真屋さんもワザと手を加えることはないでしょう。すると、そこに写っているのは、間違いなく、その時、その場のあなたのお顔なのです。するとふだん、これこそが私だと思っている「自分の顔」は随分と贔屓《ひいき》しているのではないでしょうか。都合の良い姿を自分だと思ってはいないでしょうか。「目玉は目玉自身を見ることができない。鏡によってのみ自身が見えてくる」といわれます。

さて、これは顔だけのことでしょうか。私の心の姿はいかがですかと、私を見据《みす》えてくれるのが、お経という鏡です。お経の教えは鏡のように私に深い生き方を迫るのです。

弱者を忘れる現代社会

一九九九年十一月二十二日、午後一時四十二分、東京の多摩地域、車で帰宅途中でした。信号が青に変わるのを待っていたのですが、信号がよく見えないのです。陽《ひ》が当たって見にくいのかなと思ったのですが、いつまでたっても変わりません。実は、広域停電で点灯していなかったのです。

すぐ近くの家に戻るまで、二、三の自家発電らしい信号を除いて、車は皆、互いに安全確認をしながら自主的なすれ違いをしていました。郊外の交通量だと意外とうまくいくものです。

しかし、夜間や帰宅時、あるいは大都市中心だったら、大渋滞となることでしょう。大変そうだったのは、下校する子どもたちです。たまたま、巡《めぐ》り合わせた大人が安全確認をして横断歩道で誘導していました。その光景から、「子どもに限らず、社会的弱者は今どうしているのだろう。電気の助けが必要な一人暮らしの老人、障害者は今頃どうしているのかな。病院に入院中、手術中の患者はどうなるのだろう。建築現場、工場などで仕事中の人は安全なのだろうか」などと改めて考えました。

原因は自衛隊機の墜落《ついらく》でしたが、亡《な》くなられた方は本当にお気の毒なことで、悲しいことです。しかし、ふだん見えない近代社会の諸問題の構造をその亀裂からスパッと見せつけられる思いがしました。人ごとのようで申し訳ありませんが、その頃騒がれていたコンピューターの二〇〇〇年問題（Y2K）を前もって体験したように感じました。

同じ年、いのちの水平の関係を無視して近代社会の合理性や効率性のみを偏って追求した原発、警察、自衛隊（及び駐留軍隊）のあり方が、安全性・公明性などの面で弱者を見失なうさまざまな問題点を表面化しました。

仏教はすべての人が仏になる生き方を説きます。親鸞聖人も「石・かわら・つぶてのごとくなるわれらなり」（『唯信鈔文意』）と、社会の底辺にあった大衆のただ中に身をおき、共に救われるお念仏を明らかにされました。仏教は、ふだん、気づかない社会的弱者に光を当て、この私の眼を向けさせる教えです。

サンタがやってきた?――報恩ということ――

ある仏教系大学でアンケートをしたところ、四月八日、十二月八日という仏教の聖日《せいじつ》を正答した学生は、順に二十三パーセント、二パーセントだったそうです。それぞれ、お釈迦さまの生誕《せいたん》の日とおさとりを開かれた日です。学生のうちの十パーセントが仏教学部の学生だったので、何ともいいようがなかったそうです。

そういう私も、過日、学生からクリスマスプレゼントをもらいました。私の仏教の講義を聴いている学生さんからですよ。

チョコレートの日(二月十四日)、ケーキやプレゼントの日(十二月二十四日)は若者を中心に市民権を得ているのに仏教の記念日は知られていないという現実があります。

もっとも私の講義でクリスマスは何の日か尋ねたところ、知らない学生がいましたので、日本人の宗教感覚の欠如《けつじょ》の現れともいえるでしょう。しかし、しかたがないと手をこまねいているのでは、神と仏の違いもつかず、生かされて生きている「おかげさま」どころか、生きていくのは「お金《かね》さま」とうそぶく人を増やしかねません。

レストランで子どもがいただきますと手を合わせたのに、若い母親が「ここではそんなことしなくていいの。お金払《はら》っているんだからね！」といったとか。

人ごとではありません。人を批判する目を自分に向けるとき、お互いのいのちの花は開きます。私に一番素晴らしい、深く生きる喜びを届けてくれたのはいったい誰でしょう。

サンタさんではなく、生かされている尊さ、素晴らしさを気づかせてくれた如来さまに出遇《であ》えた深い感動と静かな喜びをいただいた方が、私に先立っていてくれたのです。そしてそれを自分だけのものにすることなく、人びとや子どもたちに伝えてくれた多くの仏教徒の方々が確かにいてくださったから、私の所まで届いたのです。

十二月は一年の己《おの》が生き方を如来さまの教えを通して振り返り、気づかずにしていただいたことに思いをいたす報恩《ほうおん》の季節でもあります。すると、知らないおじさんに「誕生日おめでとう」といってケーキを食べているお互いの奇妙さに気づかされますね。

お釈迦さまの記念日や、親鸞聖人のお誕生日（五月二十一日）やご命日《めいにち》（十一月二十八日）に、お花を贈ったり、みんなで集いを開くことが本当に大切なことでしょう。

大人になったら何に？——亀毛の如し——

タレントの黒柳徹子さんの話を聞きました。国連やNGOを通して世界の恵まれない子どもたちにボランタリィ（自発的）な支援活動もしている方です。アフリカで直接子どもたちに接した時にこんな体験をしたそうです。子どもたちに自分の将来を語ってもらい勇気づけようと思い「大人になったら何になりたい？」と尋《たず》ねました。この答えを聞いた徹子さんは愕然《がくぜん》として、自分は何にもわかっていないとうなだれたそうです。

子どもたちの答えは、「大人になっても生きていたい」でした。

そんな状況だから、ボランタリィに支援をしたはずなのです。しかし、近代的で豊かな環境に慣れてしまうと、大人になれるのが当たり前のような気になってしまうのですね。

私たちは、自分の立っている所から、周《まわ》りを決めつけて考えがちです。「あんな後進国に住んでいる、かわいそうに」などといいます。逆に途上国の人びとからは、先進国の人びとこそ経済発展こそが進歩と考え、自然を破壊し、精神の豊かさを喪失している国が先進国だと思われているとも気づかず相手を見下します。もちろん、かわいそうなのは、そういう発想に閉じこもり、優越感《ゆうえつかん》を求めるがゆえに、つねに劣等感《れっとうかん》に怯《おび》えなければならない自分自身です。

「本当は何もわかっていない私だった」という徹子さんの姿に教えられ、親《した》しみすら感じます。自らを愚禿《ぐとく》と呼んだ親鸞さまもそんな方だったのではないでしょうか。何もわかっていない自分を教えてくれるのが仏教です。

長年、水中に暮らした亀の甲についた藻《も》を毛と見間違うことから、ないものをあると思っている迷いの姿を「亀毛《きもう》の如《ごと》し」といいます。この言葉は、逆に本当はあるのに、真実なるものをないと見失っている私たちの姿を指摘してくれています。

「生は死という同伴者をもつことで、いよいよその輝きを導く」と作曲家の武満徹《たけみつとおる》さんは語っています。

どうせ死んだらおしまいだ、と不完全燃焼の生き方で大切なものを見失いがちな私たちに、お釈迦さまは、「やがて死すべきものの、今、生きてあるは、ありがたし」と示され、恵まれた今のいのちを精一杯生きる道を教えてくれています。

仏教と脳死（不可逆的昏睡《こんすい》）からの移植

小川一乗《いちじょう》著『仏教からの脳死・臓器移植批判』（法藏館）から教えられました。

まず与える側の姿勢です。臓器移植は布施《ふせ》でしょうか。

布施とは自分が執《と》らわれ、しがみついているものを施《ほどこ》すことで、執着する心を離れる仏道実践です（それで布施というとすぐ、金を思い出すの？　といったら皮肉でしょうか）。

だから、ありがとうというのは、布施する側です。

もし、役に立たないいのち（脳死）になったから、要《い》らない内臓を人にやる、道具として利用してもらうというなら、尊い布施の行《ぎょう》ではありません。効率優先の考えですね。

次に、もらう側です。海外にわが子の心臓移植を受けに行ったある親は、毎週金曜の夜が待ち遠しかったそうです。家族揃《そろ》って車でレストランに行く日です。つまり、わが子と同い歳《どし》くらいの子どもが交通事故で脳死になる可能性があるからです。「私は人の不幸を心待ちにしていた」といわれました。

人が死ぬのを待つことで自分の幸せをかなえるという解決方法は、かつての昭和の十五年戦争にもありました。いわく、「鬼畜米英《きちくべいえい》（敵国の人）が死にますように」と。

さて、近代医療も進み、臓器移植を受けた未来の自分を想像してください。「残念だなぁ。もう一度臓器移植をしたら二百歳まで生きられたのに、百五十歳で死んでいくなんて」というかもしれません。

自我（エゴ）的いのちの延命《えんめい》という治療のみが価値ありと考える限り、移植して得られた延命は、どこまでいっても満足した人生になりません。

「いつまでも生きていたい、死にたくないと百歳生きてもその人は若死にである。今日のいのちを感謝して生きる人は、いつ死んでも天寿《てんじゅ》をまっとうしている」（藤原鉄乗）。

人道主義や科学技術を否定するのではありません。もしそれが我執《がしゅう》の延長である限り、本当にわれひと共に、救われていくものではないと仏教は教えてくれるのです。

如来の慈悲とは、「死に向かって進んでいるのではない、今をもらって生きている」（鈴木章子《あやこ》『癌告知のあとで』探求社）という深い自覚を与えて、自我的な世界を救うものです。

死は雄弁なり

「忙《いそが》しい」という言葉が現代人の挨拶《あいさつ》のようになって久しいようです。

しかし、どれほど忙しい人でも家族や親しい人の死に出会うとその人の前で立ち止まり、その死と直面させられます。

そして、深い悲しみや穴が空《あ》いたような寂《さび》しさを憶《おぼ》えたり、生きる張り合いを見失った自分自身と真向きになることがあります。

その時、これほど大きな悲しみが私をおおってしまうのは、平素は気づかなかったけれど、その人がいてくれることで大きな支えや生き甲斐《がい》などをこの私がいただき続けてきたからだと気づかされます。

どれほど願っても、亡くなった方と生前《せいぜん》のように言葉を交わしたり、手を握《にぎ》り合ったりすることは残念ながらできません。それがいのちの事実です。しかしこの厳しい事実を通して、私たちは今まで気づかなかった大切なことを教えていただくのです。

「死者は沈黙す、されど死は雄弁なり」という言葉があります。

死による別れという大きな悲しみの中で、人はそれまで向き合ったこともない大きな世界に気づかされます。それは、私がふだん当たり前に思っていたけれども、それなくしては生きても死んでもいけない大きな大きなはたらきの中に生かされている世界です。

そのように私を根底から支え、しかもそのような大切なことを気づかせようとする世界を仏教では浄土といいます。

人は、残念ながら頭を打ってからでないと大切なことに気づけないものです。自分にとって意図せざることによって大切なことに気づかされます。どんな辛《つら》いことも、悲しいことも、私を育てるのに無駄なものがありませんでしたと、うなずかせてくださる教えが念仏の教えです。

今日、葬儀がさまざまな仏事の一つとして勤められるのは、親しい人の死をご縁にしてこの私が大きな世界に間違いなく気づかせていただくためです。

「親しい人との死による別れは悲しい。しかし、そのことから私たちが何も学ばなかったらもっと悲しい」（ある法語より）。

キサー・ゴータミー——仏に出会えた女性——

死別の悲しみも教えに出会うことで自分の生き方を見つめ、新しい生き方を与えられ、それを乗り越えていけます。

昔、舎衛城《しゃえいじょう》にキサー（やせっぽちの）ゴータミーという貧しい娘がいました。縁あって富者《ふうじゃ》と結婚し、子どもにも恵まれましたが、幼な子は急病で亡くなりました。彼女は、我《わ》が子の死をどうしても受け入れることができず、冷たい骸《なきがら》を抱いて町行く人に、この子の病《やまい》を治してほしいとせがみます。

お釈迦さまのお弟子がそれを見かねて、「この子の病はとても重い。世間の医師の手に負えるものでない。城の郊外の祇園精舎《ぎおんしようじや》に今、み仏がおられる。そこを訪ねよ」と教えてやりました。

ただちに釈尊を訪ね、「この子をお救《すく》いくださいまし」と申し上げると、「女よ、この子の病は癒《いや》しやすい。そのためには町へ行き芥子《けし》の実を五、六粒貰《もら》ってくるがよい」と仰《おお》せになります。あまりに容易《たやす》い言葉に急ぎ町へ出掛けようとする彼女に、「その芥子《けし》は未だ一度も死人を出したことのない家でもらうのだ」といわれます。

その意味を分かりかねたのですが、可愛い子の火急《かきゅう》の今、深く考えるいとまはありません。戸毎《こごと》に芥子を乞《こ》うと、いと易《やす》いと実をくれますが、死人を出したことのない家は一軒もありません。日が暮れ歩き疲《つか》れ果て、ようやく世尊のお言葉の意味が身にしみます。生まれて死なぬ者はない、死別の悲しみを知らぬ家もない、そして我《わ》が身も死を免《まぬが》れぬと気づくと鳥肌《とりはだ》の立つ戦慄《せんりつ》を覚えました。

もう芥子の実を求める愚《おろ》かさはなくなり、法《ほう》（真実）を求める眼が開かれました。抱き続けた骸を墓場に葬《ほうむ》り、急ぎ世尊の元に帰り跪《ひざまず》きました。「愛児は如何《いかが》した。芥子は求められたか」とのお言葉に、ゴータミーはみ教《おし》えにより夢から覚《さ》めた喜びを申し上げ、お弟子に加えていただきました。

人は親しい者の死を拒絶し悲しみますが、教えにより死という縁は私自身の問題であることに気づかされると心癒《いや》され、同時に真実を求める生き方さえ恵まれます。生死《しょうじ》の迷いにしがみつく私を知らせる大きな世界、浄土という真実により、われひと共に救われます。

死を見つめる──ビハーラ──

絶対に死なない方法をご存じでしょうか？　答えは、簡単明快です。「生まれてこないこと」です。だから、お互いもう手遅れですね。（どうも失礼しました。これは江戸時代の小咄《こばなし》だそうです）

ならば死にゆく私と、死にゆく人に残される私に眼を背《そむ》けるという解決ではなく（本当は解決にならず曖昧《あいまい》にしているだけですが）、死を見つめて今を本当に充実して生き死んでいくことが問われます。このことに目を開かせるのが仏教です。

「自分の都合だけを見て、都合の悪いことを見ないで通る一生は、欲望の一生、本能の一生、動物の一生（地獄《じごく》餓鬼《がき》畜生《ちくしょう》）であっても、人間の一生とはいえない」とお釈迦さまはお説きになります。

現在、仏教者は患者さん、その家族、医療・福祉関係者と共に死を見つめ、限りあるいのちを深く生きるビハーラという運動を展開しています。もともと、ビハーラはインドのサンスクリット語で、精舎《しょうじゃ》・僧院《そういん》、憩《いこ》いの場、安住の地の意です。

近代医療の考え方は、（要素還元主義の発想から）人間を各器官に分け、疾患《しっかん》を効率よく治療し、延命させることに最大限の努力を図《はか》りました。近代の人間の営みで飛躍的に進んだのは軍備と医療だといわれるほどです。

しかし現代医療は、かつて胃《い》潰瘍《かいよう》などと呼んだ病を生活習慣病とし、人間を部分でなくトータルないのちとして見つめ、量でなく、いのちの質を問題にし始めています。

病気が治ることや、いつまでも死なないで生きられることだけを御利益だと思い込み求めているならば、自分で自分を苦しめるだけでしょう。

「やがて死すべき者の今、生きてあるは有《あ》り難《がた》し」（『法句経《ほっくきょう》』一八二偈《げ》）と釈尊は教えてくれます。

生まれて来た者は、老《お》い病み死にます。誰のせいでもありません。この事実を受け入れられることが、今日を本当に豊かに名《な》残惜《ごりお》しく生きることです。

老若や健康状態を越えてお互いがいのちと真向きになる時、何かをしてやる側、される側という垣根が越えられます。そうした世界を目指すのがビハーラです。

みんな違って、みんないい

一九九八年の暮れ、ＮＩＥ（教育に新聞を）という講義を受けた大学生の教え子から教えられました。

「先日、新聞でわが子の写真入りの年賀状に辛《つら》い思いをさせられるという旨《むね》の投稿を読み、その数日後、何らかの理由で子どもが授《さず》からなかったり、亡《な》くなったというような方々から同じような思いをしていると多くの反響があったと書かれていました。送り主は、おそらく悪気があってやったことではないのでしょうが、まさに足を踏むものに踏まれる者の痛みはわからないということだと感じさせられました」

講義で学んだ視点を通して近況報告するという実地課題の葉書の内容です。見事に仏教の視点を学んでくれていました。

『阿弥陀経』には、青色青光《しょうしきしょうこう》、黄色黄光《おうしきおうこう》、赤色赤光《しゃくしきしゃっこう》、白色白光《びゃくしきびゃっこう》とそれぞれがそれぞれのいのちを輝かせて生きる世界である浄土を目指して生きよと説かれています。

つまり、娑婆世間《しゃばせけん》の常識は、偏《かたよ》った一つの価値をよしと決めつけ、それに外《はず》れた者を排除したり、生きにくくさせていると教えてくれているのです。

ところで、先の手紙がそのままで終わっていたら、仏教を学んでも相手を責め、裁くという世間の常識の延長線で終わっていたでしょう。しかし、

「そしてまた、今までそのような年賀状を見ても気にとめることもなく、やり過ごしていた私も決して例外ではないと考えさせられました」

と学生は結んでありました。

この言葉が輝いています。外を向いて人を裁いていた私自身に目が向けられています。まさに、自身を照らす鏡として仏教を学んでいます。

「この私は、どうなのだろう?」、と仏教を聴聞することを通して人ばかり裁いていた自分を見つめる眼差しが育《はぐく》まれています。そのときすでに、自己中心だった私を気づかせる大きなはたらきに間違いなく出会っているといえるでしょう。

気づかずに人を傷《きず》つけている私なのに、多くの恩恵《おんけい》をいただいて生かされています。

祈る心がわがまま

大学時代は仏教の講義を聞き、卒業後は毎月お寺の法話会で如来さまのお話を聞き続けていた教え子が尋ねてきました。

「妊娠六カ月になって落ち着いてきました。ところが、連れ合いの義父が『本多先生に結婚式を挙げてもらった本願寺築地別院で安産の御祈願をして、お守りを貰《もら》いなさい。もししておかないことで何かあるといけないから』というのです。私は、先生の話をずっと聞いているのでお守りをもらおうとは思わないけれど、どうすればいいでしょう?」

「別院にお守りはないけど、皆でお参りして心の中で如来さまに御礼をいえば波風《なみかぜ》が立たないよ」という人もいました。

確かに波風は立ちません。しかし、お父さんの思いは通っても、彼女の思いは分かってもらえず誤解されたままです。お父さんは、この世には自分とは違ったモノの見方や宗教性があることに気づけず、災《わざわ》いは外からやってくると考えるのが当然という思い込みを回りに押しつけたままになっています。

島根県光現寺の日曜学校に通った当時四年生の女子生徒が書いた作文があります。

「日曜学校に入るまで今日のテスト百点になりますようにと仏壇の前でお祈りしていました。でも日曜学校で学んだことは、如来さまの力はお祈《いの》りしている自分の心がわがままだと教えてくれることです。私は、親鸞さまのように心を広く生きていきたいです（取意）」

私はこの作文を紹介してから、こういいました。

「如来さまの教えに遇《あ》えて良かったという思いがなぜ伝わってくるのだろう。それは、教えに遇ってわがままで恥ずかしい私だったという実感がここに表れているからだね。教えようとする人の話を人は聞かないけれど、話を聞こうとする人の話は伝わるね。

波風を立てないのが仏教の和《わ》の心ではないよ。違ったものを抱えている我《わ》がままなお互いがいることに気づけよ、身の程《ほど》知れよと呼びかけてくださる如来真実を依《よ》り所にお互いを認め合っていく開かれた世界をハッキリとさせていくことだよ。ただし、迷信はダメと裁くのでなく、相手の姿を通して自分の迷いを見つめさせられた時、開かれる世界があるね」

"気づかない私"に気づく

学生時代、シートベルトをする私に「なぜするの」と友人は尋ねました。「事故で怪我《けが》や死ぬ確率が下がるし、これを見て誰かが真似《まね》るだろ」と賢《かし》ぶりました。その頃は自分の体がぶつかり同乗者を殺したり、あるいは飛び出して自分が死んだら相手の運転手を過失致死にさせてしまい、お互いを「加害者」にさせることまでは気づきませんでした。

最近、私は昼もライトを点《つ》けて運転しています。欧米の一部では義務化されています。早く自車に気づいてもらえ、死傷事故の防止減少につながり、事故減少は修理をするときの大きなエネルギーを使わないことで結果として環境汚染を回避できるからです。

病院や電車では多くの人が、携帯電話の電源を切ります。心臓のペースメイカーを狂わせるなどして「加害者」にならないためですね。

このように、あらゆることがさまざまに関わっているということに気づかないでいると、いつの間にか、「加害者」になっています。にもかかわらず、私たちはつねに自分は善人、正しい、だから被害者だと自己防御したがります。

作家の高史明《コ・サミョン》さん（一九三二〜）は一人息子を自死で亡くした時、「縁起《えんぎ》（私もあらゆるものと関わり合っている）を知らなかった自分の一言が息子を殺した」といわれました。「お前も中学生になったのだから人に迷惑かけるなよ」と何も気にせずにいったのです。少年は真剣に守ろうとすればするほどそれができない自分を深く見つめました。高史明さんはこれをきっかけに『歎異抄《たんにしょう》』の教えに出遇《であ》いました。そして、縁起の教えを通してご自身を「人に迷惑をかけずに生きられないことに、そろそろ気づけよと今ならば教えてやれたな」と振り返っておられます。

白い杖《つえ》を突く人を見て「あの人、目が見えないんだよ、かわいそうだね」という母に向かって「違うよ、今お手伝いしてほしい人なんだよ」と小さな子がその人の手を引いてあげたそうです。いつのまにか盲人《もうじん》は不幸なものと決めつけていた、そんな私も、実は量《はか》りしれないお手伝いをいただいて生きています。このことに気づけない私だと教え続けてくれる如来というはたらきに照らされると、傲慢《ごうまん》さはなかなか変わりませんが、お恥ずかしいという痛みやおかげさまと目覚める世界を知らされます。

仏教とは自己の探究

無言《むごん》の行《ぎょう》という修行があるそうです。坐禅《ざぜん》をし、決してしゃべらず心を凝《こ》らして、真実の自分を見つめていくのです。

こんな小咄があります。ある寺で、ロウソク一本の灯《あか》りの下、和尚《おしょう》と二人の小僧が無言の行を始めました。ところが風で灯りが消えました。一人の小僧が「あっ、火が消えた」、すると「今、しゃべったな」ともう一人の小僧、「最後まで黙っていたのはわしだけじゃな」と、和尚さんがしゃべったとか!!

私たちは人の間違いや愚かさには厳しいほどよく気づきますが、自分の姿に自分で気づけません。そのように自分自身に暗い生き方を仏教は苦の元になる迷いといいあてます。

目玉は一番近い目玉自身を見ることができません。自身を映し出すはたらきのあるものに出遇《であ》わなければなりません。

同じように人間も自分で自分自身を見つめることができません。その自分が見えてくるのは、必ず自分を映し出すはたらきに出遇えたときです。

『観無量寿経』はお釈迦さまの時代、王舎城《おうしゃじょう》で起きた王家の人間関係の破綻《はたん》や家庭内暴力を描《えが》いた経典です。その中でヒロインの王妃イダイケは、自分の息子が父親殺しの罪《つみ》を犯《おか》さぬよう、また夫が亡き者にならぬよう、母として、妻としてたいへん賢明に振る舞います。しかし、いざとなると自分のやった愚かさを棚に上げてお釈迦さまの前で嘆き愚痴《ぐち》をこぼします。

お釈迦さまは、イダイケにさまざまな修行を示しました。しかし、彼女が救われたのは、ただ一つのことでした。それは、いつでもどこでも、今ここにでも、「気づけよ、目覚めよ、身の程《ほど》知れよ」と呼びかけてくれる南無阿弥陀仏でした。

自分を知るには、相手がいなければ見えてきません。朝から晩まで身を煩《わずら》わせ、心を悩《なや》ませる煩悩《ぼんのう》という自分の正体に気づかされたとき、気負っていた頑《かたく》なさが抜けるのです。

念仏の救いとは愚かな私、自己の発見です。そして、それは本当の自分に気づかせる大きなアミダというはたらきとの出遇いのことです。

人類最大の迷信——国家信仰——

石川九楊著『書と文字は面白い』（新潮社刊）という本に、「殺人、逮捕、死刑判決、絞首台というコースで殺害される人がいる。ところが、「殺すべきだ」と叫んだ検察官も、裁判官も、法務大臣も、執行官も、「人殺し」と呼ばれることはない。たとえ罪なき市民を殺しても」（取意）とありました。

考えてみると暴力はいけないといいながら、人殺しである死刑や戦争という国家の殺人に無頓着な意識があります。

殺人がダメというなら死刑や戦争なども否定できるのに、なぜそう思えないのでしょう。どこかに、いつでも私は正義の側だから、裁く側に安心して立っていられるという善人意識があるからでしょう。

仏教は基本に縁起ということを説きます。それはあらゆる可能性があるということです。

自分の都合の延長で見れば、素晴らしい未来が広がっているから、ありがたいなということにもなりますが、縁に触れれば恐ろしい姿を現す私がいるという深い自省の方向も生まれます。

親鸞さまは「さるべき業縁《ごうえん》のもよおさば、いかなるふるまいもすべし」（『歎異抄《たんにしょう》』十三章）と、縁に触れると人を殺すような恐しいことをしかねない私であるといわれます。

時として、国家は私たちの自我意識だけを拡大した姿をとります。すると自分の立場を正義とし、そのために相手と争い相手を殺すことが正義だという信念が生まれます。殺してもいい、殺されたら殺すということを肯定する心になります。

仏教に遇《あ》うと人は心深く、謙虚になります。しかし、時が経《た》つといつの間にか思い上がって自分を正義としている私がいることに気づかされるのです。

釈尊はいわれました。「人はすべて暴力におびえる。すべての人にとって生命は愛《いと》しい。わが身にひきあてて殺してはならない。殺させてはならない」（『法句経《ほっくきょう》』一三〇偈《げ》）。

建国記念の日といいますが、国とはいったい何でしょう。私たちは気づかずに自我の姿を国に投影し、それで自分を正当化しようとしていないか、仏法を通して問い直したいものです。

戦争犠牲者を悼む

「戦没者の犠牲《ぎせい》の上に今日の繁栄がある。安らかにお眠りくださいと冥福《めいふく》を祈るのは当然だ」という人がいます。「戦没者」にはさまざまな人がいます。共通するのは戦争で誰かの暴力によって殺されたということです。

戦争とは、国家が話し合いでなく暴力で問題解決を図る政策です。そこでは理性より感情が優先します。

「今日の繁栄」は、暴力による問題解決によって成り立ったのでしょうか？

もしあの戦争という殺し合いがなければ、今、話し合いによってお互いを認め合う世界を戦争犠牲者たちも一緒に享受できたのではないでしょうか。

そう考えると戦争犠牲者は、単に相手国に殺されただけでなく、戦争を肯定する者によって手段や道具とされ殺されたことになります。

「すべていのちあるものは暴力を恐れる。己《おの》が身に引き比べて、殺してはならない。殺さしめてはならない」（『法句経《ほっくきょう》』一二九偈《げ》）とお釈迦さまはいわれます。
たとえ正義のためと言い訳をしても、戦争によって「いのちある」多くの戦闘員や民間人やその他の生き物が殺され、その後、心や体に傷を負い、嘆き悲しむ人がうまれます。世の悩みや悲しみを持つ人を人ごととしておきざり、自我的満足を生きていくのが念仏者の道ではありません。苦しみ嘆く人びとと共に生き、共に救われる世界を開くものが親鸞聖人の教えです。

するとⅰ「戦没者はお気の毒だった」というのは、傍観者《ぼうかんしゃ》の立場だと気づかされます。「戦没者の犠牲の上に今日の繁栄がある。だから、冥福を祈るのは当然だ」というのも余りにも思い上がった言葉だと知らされます。

「暴力で問題解決をする戦争で亡くなられた方は無念だったろうと私はしっかりと受け止めます。こうした愚かさを繰り返してしまいかねない私たちに、戦争犠牲者たちはいつも、私を目覚めさせ、気づかせ、わが身の程を知れと用《はたら》きかける仏となられています。そのことに気づき、そして拝《おが》ませていただけるようになりました。亡き人は冥土《めいど》（暗い世界）で眠ってなどはいないのです」。このように思える私にまで育て、すべてのいのちと共生している私であることを気づかせ導いてくれるのが念仏です。

靖国問題とは信心の問題

「国のため戦って死んだ者を国が祀《まつ》ってどこが悪い？」といいます。

そこには穏《おだ》やかな顔つきで相手の言葉を受けとめながら宗教問題を見つめていこうとする態度を読みとることができません。

これは靖国問題を考える時、自分自身を問う重要な視点になるでしょう。なぜならば、靖国問題とは念仏者にとって信心の問題だからです。

宗教とは一つの原理を選び、それを生活の中心とし、自分を見つめ、生きることです。たとえば法然上人は、専《もっぱ》らに念仏を選び修める生き方（専修念仏《せんじゆねんぶつ》）は、他の行を選び捨てる生活だと示されました。

親鸞聖人は、この念仏を尊び、唯《ただ》信心を以《もっ》て人間成就する生き方（唯以信心《ゆいいしんじん》）は、民族宗教である神道の神（鬼神《きじん》）を拝まないこと（神祇不拝《じんぎふはい》）だと明言されています。

そして、念仏一つによって自分の愚かさに気づかされ、真実なるものを明らかにされ、心豊かに生きられたのです。

しかし現実には、私たちは念仏を自我の正当性を主張する手段や、相手を非難する道具に持ち替えて生きています。

もちろん、世にはさまざまな宗教があり、それを信じる人がいますから、どんな宗教を信じ、逆に信じなくともよいという自由な宗教生活が保障されています（「信教の自由」）。宗教生活という繊細な領域に他人や国家が土足で踏むことは人間の自由を奪います。だから政治的に影響力の大きい首相・官僚、天皇などが、特定の宗教法人に公的な関わりや公金を用いて参拝することが憲法で禁じられています（「政教分離の原則」）。

宗教法人として自らの教えに基づいた靖国神社の宗教活動や、そこに参拝したい人の参拝は法的に、問題はありません。しかし、首相の公式参拝は憲法違反です。

戦争遂行のため政治的に作られた靖国神社に、私は念仏者として参拝するつもりはまったくありません。また信じたくない宗教施設に、念仏者が自分の信条とまったく異なる神として祀られることも耐え難いことです。

相手を排除することが念仏の道ではありません。しかし、私の生き方を阻害《そがい》してくるものをしっかり見つめ選び取り、選び捨てる目を育んでくださるのが、仏の智慧の教えです。

為されたことを知る

――報恩講の意義――

為されたことを知る

今日は、報恩講《ほうおんこう》という行事であります。報恩講の「報」というのは「報《むく》いる」と読みます。「恩」というのは原因の「因」という漢字に「心」。二つ以上の漢字が組み合わさって、新しい意味を作るのを会意文字《かいいもじ》といいます。原因を知る心を「恩」といいますけれども、それが報恩講の恩の意味であります。

皆さん方は、サンスクリット語というのを聞いたことがあるでしょうか。古いインドの言葉の一つですが、報恩という言葉をサンスクリット語にさかのぼりますと、「カタ・ヴェーディン」といいます。

インドの言葉で、カルマという言葉を聞いたことがありますか?「行為」という意味ですが、「カタ」というのは、カルマの過去分詞で「為されたこと」という意味です。「ヴェーディン」というのは、ヴィッドという言葉の派生語ですが、インドの古い聖典に、「ヴェーダ聖典」というのがありますね。あれと同じ言葉で、「知る」という意味です。最後にinがついて「ヴェーディン」となり、inがつくと「~する人」という意味になります。つまり「ヴェーディン」というのは「知る人」ということになります。合わせて「カタ・ヴェーディン」で、「為《な》されたことを知る者」、それが報恩の人、報恩という生き方ですよ、と古い仏教の聖典に説かれています。

今から二年ほど前のことだったと思います。私の連れ合いが、テレビのクイズ番組を見ておりました。同じ質問を、日本の子どもたちと海外の子どもたちにして、返ってくる返事を面白おかしく紹介する番組です。「あなたのお母さんの好きなところはどこですか」という質問を、日本の子どもに尋《たず》ねてみたところ、返ってきた返事は「カレーライスを作ってくれること」とか「ゲームソフトを買ってくれること」というものでした。私の言い方でいえば、自分にとっての都合が満たされること、その時にお母さんが好きだ、それがお母さんの好きなところだ、という返事だったわけです。

アフリカのケニアの小学生の子どもに同じように「お母さんの好きなところはどこですか」という同じ質問をしたところ、二番目に多かったのは、「学校に行かせてくれること」という返事だったそうです。

さて、そこで質問です。一番多かった返事は何だったでしょうか？　武蔵野女子大学の学生諸君にも、同じ質問をここ二年続けて尋ねてみたのですが、その番組を見ていた学生も少なかったようで、正解が返ってこないのです。皆さん方はどうですか？　心の中でどんな答えを用意していますか？　一番多かった答えは、「私を生んでくださったこと」という返事だったそうです。うーん、と考えさせられるような返事でした。

学校に行かせてくれるのも当たり前ならば、朝ごはんを作ってくれるのも当たり前、お小遣いをくれるのも当たり前ならば、生んでくれたのも当たり前だ、と思っている私たちに、「お母さんの一番好きなところ」を「私を生んでくださったこと」という言葉で言い当てられると、皆さん方も何ほどか自分自身の生きる姿勢について、問い直しをさせられるのではないでしょうか。

今、皆さんと一緒に、仏教讃歌の三帰依文を「ブッダン・サラナン・ガッチャーミ」と唱えました。お手元の聖典《せいてん》の最初のところに、その三帰依文の中国語訳を読み下《くだ》したものが出ているので、ご覧ください。

人身《にんじん》受け難し、今すでに受く。

こういう言葉です。人間として、この世にわが身《み》をいただくということは、めったにない機会であるが、今回私として生まれることができた、という言葉で三帰依文は始まっているのです。私に生まれられた……考えてみれば不思議なことです。隣に坐っていらっしゃるお友だちでもなく、前にいる人でもなく、後ろの人でもなく、あなたがあなたとして生まれられた。そういうことを当たり前と思っているのがお互いなのですね。

皆さんは今朝《けさ》起きた時に、どんなことを考えましたか？　今日は報恩講がある、学校に行ったら東京から来た先生からお話が聞ける、嬉しいな、と思って目を覚《さ》ましましたか？　そう思わなかったでしょう？　朝か、雨が降っている、でもまあ今日は二時間目がつぶれるから行こうか……というようなことで、朝起きても、当たり前と思っていませんか？　昨夜食べたものを、いつの間にかお腹がこなしてくれていたでしょう？　頼みもしなかったのにね。しかも今日学校まで来るのに、いつもと同じようにバスや電車を使ってここまで来られたと思います。当り前でしょうか？

自分にとって都合のいいことがおこった時は、お互い当たり前と思いますが、ちょっと考えてください。何人か咳《せき》をしていますが、風邪《かぜ》ひきの方もいらっしゃるかもしれません。朝起きた時に、割れるように頭が痛かったら、皆さんはどう思いますか？　当たり前だ、と思いますか？　あるいは肩が痛くて手が上がらなかったり、足がしびれてまったく動かなかったら、皆さんはそれを当たり前だと思って目を覚ましますか？　たぶん、そうは思わないでしょう？　自分にとって都合のいいことがおきた時は、当たり前とも何とも思わないけれども、ちょっとでも自分にとって都合が悪い、思い通りにならない、意図せざることがおこると、私たちは当たり前と受け止めない、そういう生き方をしているのではないでしょうか。ちょっと考えると、当たり前のことなんだけれども、なかなか当たり前ということに気づけないのです。

お釈迦さまがおっしゃった当たり前のことの一つに、若い者は老います、健康な者は病《や》みます、そして生まれた者は必ず死にます。誰のせいでもありませんよという教えがあります。これが人生の当たり前でしょう？　ところが、私たちはその当たり前ということに目をふさいで、都合のいいことだったら引き受けていくけれども、ほんのちょっとでも都合の悪いことがおきると、何でこんな目にあうのだろう、どうしてこんなひどい目にあわなければならないのか、何も悪いことしてないのにとか、あるいは日が悪かったんじゃないかとか、いろんなつまらないことを思って、当たり前という事実に目をふさいでいることが多いのではないでしょうか。当たり前のことを、そうだったな、当たり前だったとうなずけた時に、アフリカの子どもたちが答えてくれた「お母さんの好きなところはどこですか」という言葉に、改めてお互いの生き方が、深められていくのではないでしょうか。

武蔵野女子大学のある先生が、教えてくれました。最近、学生諸君はこんなことをいうのだよ、と。アフリカの子どもは、お母さんの好きなところは「頼みもしないのに私に生んでくださったこと」というけれども、日本の子どもはね、親子喧嘩《げんか》の切り札《ふだ》に残している言葉があって、「頼みもしないのに、親の勝手で生んだんじゃないか」と、こういうんだよ、とおっしゃっていました。

どうでしょうか。これは、事実ですね。皆さん方はどうです、生まれてくる時に、叫びましたか？「お母さん、生んでよ、生んでよ」といって生んでもらいましたか？ そういわなかったでしょう？ 頼みもしないのに、皆さんは生まれてきましたね。そして、生まれてきた時には、これも頼みもしなかったのだけれども、皆さんは女性だったのです。これも、頼んだわけではないのです。でも、ちょっと考えてください。「頼みもしないのに、親の勝手で生んだのじゃないか」と自分自身のいのちを受け止めるのもひとつの生き方です。世の中にはいろいろな生き方がありますから、そういう生き方もきっとあるのでしょう。でも、「頼みもしないのにようこそ私に生んでいただけたなあ」と自分のいのちを受け止める、そういう生き方もあるのではないでしょうか。

私に為《な》されたことを知る。報恩というのは、気がつかなかったけれども私に先立って私にさまざまなことが用意されていた、私のいのちが私の思いに先立って恵まれていた、そのことを、ああそうだったなと知ること、それが実は報恩講という言葉の本来の意味だったのです。

仏法は鉄砲の反対

高光大船《たかみつだいせん》（一八七九～一九五一）という方がおられました。明治に生まれ、昭和に亡くなられた方で、北陸の金沢の方で大活躍をした、本当に生き生きと仏法、念仏の教えに生きた真宗大谷派のお坊さんです。弥生書房というところから、全五巻の全集が出ています。その中に、報恩講に関してこんな逸話《いつわ》があったのを、私は思い出します。

こうして学校やお寺で親鸞聖人の報恩講の行事を勤めていますが、浄土真宗のお家では家庭のお仏壇の前で報恩講が勤められるところが、今でもたくさんあります。高光大船さんがある時あるお家の家庭報恩講にお参りした時のことです。お仏壇の前で皆で一緒に「帰命無量寿如来《きみょうむりょうじゅにょらい》」で始まる「お正信偈《しょうしんげ》」のお勤めを終わって、時代が昔ですから、いろりを囲んで、その日そのお家で用意してくれた「おとき」の精進料理を皆でいただきながら、「御示談《ごじだん》」といって、皆で仏法について、念仏の教えについて、基本のところ、わからないところを確かめ合う、聞き直しをする、そういう時間が持たれていたのです。

たまたま大船住職の隣に、その家の青年、「あんちゃん」が坐っていた。北陸地方では結婚前の青年を「あんちゃん」と呼ぶそうです。そこで、大船住職が「今日は、あんちゃんも報恩講さまにお参りしてくれたか。いいご縁に遇ってくれたな」と声をかけたのです。

そうしましたら、その青年、いうに事欠《ことか》いて、「ご院《いん》さん（住職のこと）、今日はオラにとっては災難な日なんだ」というのです。「どうしたんだ」と聞いたら、その青年は当時の国鉄の北陸線の機関士をしていたのですが、たまたま非番で、金沢の町に遊びに行って、映画を見たり、うまいものでも食べようと思っていたのに、「親父《おやじ》やお袋《ふくろ》は今日は家の報恩講をお勤めするのに、遊びに行ってどうするか」とやかましくいうもので、いやいや報恩講のお参りをしている。だから災難な日なのだ、というのです。

青年の言葉は、正直な答えですね。正直な答えというのは、当たり障《さわ》りのないその場限りの言葉と違って、何かきっかけさえあればすごく深められていくという可能性を持っています。大船住職は「そりゃ、お前さんにとっては災難な日だったかもしれないけれども、せっかくこうやって久し振りに出会えたのだから、御示談の時間だし、何か聞いておくことはないか」と尋ねたのだそうです。そしたら青年は「別に尋ねることなんかありませんよ」と、にべもない返事が返ってくるのですが、「そんなことといわずに、もう一度よーく考えて、何か尋ねておくことはないか」と聞き直したのだそうです。

こういうところをとっても、高光大船さんという方には本気で仏法を生きようとする姿勢があるなと思います。私だったら、「はい、皆さん何か質問ありますか」と聞いて、「ない？　それじゃ今日はこれでもう終わりにしましょう」なんていってしまいそうです。時間を効率的に使った方がいいじゃないか、というような、経済性とか効率性という現代社会の価値観に振り回されているものですから、「もう一度よく考えて」などとはなかなかいえません。けれども大船住職さんは、時間がもったいないとか、そういうようなことに振り回されないで、「もう一度よーく考えて。せっかく今日、会えたのだから」といわれた。

そうしたらその青年は、ちょっと考えてから「じゃあ聞きますけれども、仏法って何ですか。親父やお袋は俺の顔さえ見れば仏法を聞け、仏法を聞けと、しつこくそればっかりいっている。でも仏法とは何なのか、全然わからない」というのです。「でも、難しい話は困《こま》るよ。俺は学がないから」「それから、長い話も嫌《いや》だ」何しろこれから金沢の町に行こうというのですからね。わかり易《やす》く、短く、一言で、「仏法とは何か」答えて欲しいという質問です。

難しいですね。「仏法とは何か、はい、あなた、一言で答えてください」といわれたら、うっ、と私たちは言葉に詰まってしまうような、難しい質問だと思うのです。そしたらこの大船住職さん、間髪《かんぱつ》を入れずにとはこういうことなのでしょうね、「仏法は鉄砲の反対だ」といったそうです。「皆さん方、お話はわかりましたか。では今日はこれで終わりにしましょう」といったら、それこそ鼻をつままれたような、鳩が豆鉄砲くらったような訳のわからない話ですが、その青年もわからなかったのです。

そこで大船住職は、「仏法は鉄砲の反対。では鉄砲というのはどういう道具だ？」と尋ねます。皆さんも知っていますでしょう？　鉄砲というのはズドーンと撃って、生きている者を殺すのが鉄砲ですね。仏法はその反対だ、というのです。「死んだ者を生かすのが仏法だ」と、こういったそうです。

ところが青年は、ふだん仏法を聞いていないので、「それじゃ、あの棺桶《かんおけ》の中に入っているのを何とかして生き返らせるのが仏法なのですか」といいます。皆さんも、まったくトンチンカンなことをいっているなと、お気づきでしょう？　そういうことを一番嫌ったのが仏法ですからね。すると住職さんは、「あれは、死んだ者とはいわない。あれは遺骸《いがい》、死体、亡骸《なきがら》というのだ」。「じゃあ、死んだ者ってなんですか？」と尋ねる青年に、こうやって、指を一本立てたのです。そして、その指をピタッとその青年の胸倉に当てて、「死んだ者とは、お前さんみたいな者をいうのだ」といったのです。

さあ、いよいよ災難な日になってきましたね。今日は、いやいや報恩講のお参りをしている。しかも、聞きたくもないのに質問をさせられた。一所懸命考えて聞いてみたら、「お前は死んだような者だ」といわれたのですから、青年はさすがに腹を立てましてね、「ご院さん、俺はちゃんと生きてるぞ」と、体をゆすってみせるのです。すると住職さんから「それは生きているとはいわない。動いているというのだ」と、厳《きび》しい答えが返ってくるのです。

「では、お前さんの商売でもって説明をしよう。お前さんは、北陸線の機関車の機関士をしている。機関車というのは石炭をくべてやると、二本の鉄のレールの上をまっしぐらにどこまでも動いていくだろう？　それと同じように、お前さんの口の中にも三度三度のオマンマを入れてやれば、目には見えないけれども、世間の決められた常識というレールの上を、ただ動いていくだけであって、それで本当に生きているとはいえないのだ」という言葉を投げつけたというのです。

その青年は、何かふだんから考えていることがあったのでしょうか。毎日こうやって石炭をくべているけれども、俺の人生って何なのかな、何だか機関車の歯車の一つみたいだな、生きる意味は本当はいったい何なのかな、そんなことをちょっと考えていたのかもしれませんね。だからその大船住職の言葉が胸に響《ひび》いたのでしょう。生きるということを、知識ではなくて、いのちそのもので受けとめ、そうだったなあ、俺は本当に生きているといえるのかなあと、自らに向かって問いかけたのでしょう。その青年は、生涯高光大船住職に師事して、輝くような生き方をされたという話が残っているのです。

仏法は鉄砲の反対。死んだ者を生かすのが仏法だと、こういうふうにいわれたのです。私たちの生きる姿はどうでしょうか。私たちは一人一人が、「本当に私生きているなあ」と感じているでしょうか。知識ではありませんよ。知識では、私たちは皆生きていると知っています。「えっ、私生きてるの？」なんていう人はいませんよね。知識ではなく実感として、「そうだな、私生きているなあ」と感じているかどうか。それを教えてくれるのが仏法だというのです。

何のために生きるのか

私の体験ですが、二年ほど前にこんなことがありました。私は学校に行くにしても、いろんな用事をするにしても、車でよく出かけるのです。ガソリンを入れてもらう行きつけのガソリンスタンドがあります。行きつけですから、店員さんの顔も全員知っています。向うも私のことをよく知っています。

たまたまその日、五月の連休に入るか入らないかの頃だったのですが、この格好で、衣姿《ころもすがた》で行ったのです。そうしたら、見かけない四、五人の若い女性が、揃《そろ》いのショッキングピンクのサテンのピカピカ光るブルゾンと、下は同じサテンでできたやはりショッキングピンクのホットパンツで、太股《ふともも》もあらわにズラッと並んで立っているのです。

私は「ああ今日はキャンペーンか何かやっているのだな」と思って、車をガソリンスタンドに停《と》めたら、その中の一人が駆け寄ってきて、「いらっしゃいませ」といいます。私は「ガソリン満タンにしてね」と声をかけたのです。そしたら、その若い女の子は、窓ガラスを拭《ふ》きながら、「あの、ちょっとお尋ねしていいですか?」というのです。私は頭の中で、キャンペーン期間中だと決めつけていますから、「エンジンオイルでも交換しませんか」とか、あるいは何か売りつけられるのではないかと、内心ビクビクしながら、「何ですか?」と聞きましたら、「あの、人生はいったい何のためにあるんですか?」と尋ねるのです。

ガソリンスタンドで、ですよ。「おいおい、待てよ」という感じでした。でも、この格好だったからなのでしょう。私はちょっとドギマギしながら、「あなたはどう考えているの?」と聞いたのです。

そしたら、「うーん、よく分からないのです。いろんな人に尋ねるのですけれども、それでもよく分からないので、今こうやってお聞きしたんです」とそういうのです。私はちょっと考えてから、「あのね、人生は、生きてるなあってことを実感するために生きてるんだと思いますよ」と、こういったら、その娘は何だか分かったような、分からないような顔をしている。ああ、これは言葉がちょっと足りないなと思って、私は続けました。

「どういうことかというとね、たとえばあなたが今、人生は何のためにあるのですか、と尋ねましたね。で、仮に、人生はこういう目的のためにあるのだと決めたとするでしょう。そうすると、私の人生は、その目的を達成するためにあるのだということになりますね。その目的を達成するために、自分の人生はいわば手段として、道具としてあることになる。ちょっと言い換えると、その目的が達成されることが自分にとって幸せだし、そのことが自分にとって一番価値があるのだと、そういうふうに決めていくということになりますね。

ちょっと尋ねるけれども、あなたはここでアルバイトをしてるの？　アルバイトをしているのだったら、アルバイトで稼《かせ》いだお金をハンドバッグとか、洋服とか、旅行などのために使おうとしているのでしょう？　でも、アルバイトをしている時に、たとえば今日のように雨が降っていて寒い時、風が吹いている時、あるいは疲《つか》れているけれどまだあと一時間くらい仕事をしなければならない時、もう仕事を止めたいなあと思っても、目的のために仕事をしている以上は、嫌でもやらなきゃいけないよね。それが、目的のために仕事をするということでしょう。

もちろん、仕事が年がら年中つまらないということはないと思う。たとえば、車を磨《みが》いてみてピカピカになったときは、結構張り合いがあると思ったり、次から次へといろんなお客さんが来るでしょう、ちょうど今日のように意図せざるような出会いがあったりして、仕事をしていると楽しいこともあるでしょう。

この間あるお寺の掲示板にね、「幸せだから感謝するのではない、感謝しているから幸せなんだ」という言葉が書いてありましたよ。「幸せだから感謝する」というのは、自分にとって都合がいいことがおこった時に、私は幸せだと思い、だから感謝する、ありがたいと思う、こういうことです。けれども、それをひっくり返していえば、自分にとって都合のいいことがなかったならば、面白くも何ともないということですね。でも、「感謝しているから幸せなんだ」という言い方は、自分にとって都合がいい時にそれがありがたいという世界とは、ずいぶん違うのではないでしょうか。今朝、目が覚めた。今日も呼吸をしている。それを当たり前のことと受け止めるかどうか、今日も学校に行ける、お友だちにも会える、先生にも会える、よかったな、今日も生きている、いのちをいただいている、そういうふうに感謝しているかどうか。感謝している生活があればこそ、そこに幸せだなという生き生きとした実感が、恵まれてくるのではないでしょうか」

ガソリンスタンドの女の子は、ここまで話したらだいたい分かってくれたようです。

「さっき僕がいいたかったのはね、自分の人生が何かの目的のためだけにあるのだと思い込んだらどうなるか、ということなんだ。もちろん、目的を持つことが悪いということではないんですよ。大学で学ぶというのは、目的を持ってのことでしょう。あるいはいろんな仕事にしてもそれぞれ目的があることでしょう。でも、その目的が達成された時だけが、つまり自分の意図した通りになった時だけが、自分にとって幸せなんだ、自分の思い通りになった時だけが価値があるんだと思うのは、どうかということなんです。自分の作ったそういう物差しにとらわれていく限り、自分の人生を、そのための手段や道具のようにしてしまうのではないでしょうか。

人生というのは、生まれてよかったなあ、生きていてよかったなあ、生きてるなあってことを、本当に実感する、そのこと自身が「人生の目的」だということ。人生は何かのためだけにあると思ってしまったら、かえって自分で自分を苦しめるのではないかと思って、そんな話をしたんです」

といったら、その女の子は「はい、とてもよく分かりました」と、ニコニコしながら、次にやってきた車に「いらっしゃいませ」といいながら走っていったのです。あまりにも物分かりがよすぎて、本当に分かっているのかなと、ちょっと不安になりながら家に帰ってきたのですが、それが私にとって課題になりました。

いろんなことを教えられました。まずひとつは、ピンクのブルゾンとホットパンツをはいている二十歳前後の若い女の子は、「人生は何のためにあるのか」、そんなことはこれっぱかりも考えていないと、私は見た目で考えていたのです。でも、どうなのでしょうか。年齢を重ねていけば、「人生は何のためにあるのか」と、皆が考えるようになりますか？

逆に、年齢が若ければ、そういうことを全然考えないといえるでしょうか。そんなことはないですね。六十、七十になっても、自分の人生はいったい何のために生きているのかということを、それこそまるきり考えないような生き方だってあるかもしれない。逆に、私たちよりも若くても、人生はいったい何のために生きているのかと考えている人だって大勢いるのではないでしょうか。親鸞聖人という方も、そうだったろうと私は思います。

数え年の九歳の時の話だといいます。慈鎮和尚《じちんかしょう》を慕《した》って、比叡山のお坊さんになろうとして、出家得度の儀式を夕方してもらおうと思ったら、和尚が「今日はもう遅いから明日にしましょう」とおっしゃった。それに対して、「明日ありと　思ふ心の　徒桜《あだざくら》　夜半《よわ》に嵐《あらし》の　吹かぬものかは」と歌われたという言い伝えが残っています。「明日にしましょうとおっしゃいますけれども、明日いのちが本当にあるかどうか、誰も約束されていません。それはちょうど、今を盛りに咲いているあの桜が、夜半の嵐によって散っていってしまうかもしれないのと同じです。そのようないのちを、私たちは生きているのではありませんか」。だから今晩出家得度の儀式をしてくださいとうたわれた。

それについて、近代的な理性でもって、合理的な判断をしようとする現代では、ある先生が、「今の満年齢だったら七歳、八歳、小学校の二年か三年くらいの子どもが、そんな難しい歌を歌うはずがない」ということをいっています。でも、どうなのでしょう。それは人間というものを、ある一面から、決めつけでもって見ているのではないでしょうか。これをステレオタイプといいますね。年齢のいかない者はものごとを考えないという、そういうものの見方にとらわれて、振り回されているのではないでしょうか。

五木寛之さんが力説されていますが、一昨年日本人の自殺数は三万人を超えましたね。四万に近い数字だといいます。その自殺者の内訳では、中高年の自殺者が増えているそうです。皆さん方どう思いますか？　年齢を重ねれば、人間についての思索《しさく》が深まる、だから自殺はなくなるはずだという公式があったとしたならば、中高年の自殺がこれだけ多い現実と結びつかなくなりますね。もちろんそこには一人一人さまざまな問題がありますから、一面的にいのちのあり方を決めつけることは、気をつけなければなりません。

私たちは案外自分自身が浅いものの見方で、しかも私ではない誰かが考えついた世間の物差しで、ものごとを見、自分自身の姿を見ているのではないでしょうか。ガソリンスタンドの女の子との会話は、私自身に、何かとても深いことを教えてくれたように思います。

私たちは、何かある目的のために効率よく、都合よく生きて、その目的が達せられれば、それが幸せなのだ、それが豊かな生き方なのだと、いつの間にか思い込まされている生き方をしているのではないでしょうか。

人生はお葬式の花輪のため？

名古屋の同朋大学の入学案内に、仏教学の中村薫先生が、授業をしていらっしゃる光景が紹介されています。心の病を治すカウンセリングの教えと、親鸞聖人の教えを、多くの人に分かりやすいように漫画で表現した本を大学の授業で紹介しています。そこにこんな親と子のやり取りがあるのです。

小学生の子どもがお母さんに尋ねるのです。「お母さん、お母さんはいつも僕に勉強しろ、勉強しろというけれども、いったい何のために勉強するの?」と尋ねたというのです。さっきのガソリンスタンドの女の子と同じですね。勉強するということの目的は何か……非常に分かりやすい質問です。そうしたらこのお母さんは、「馬鹿だねえ、この子は。たくさん勉強すれば、いい学校に入れるじゃないか」と答えたそうです。

この子は「ああ、そうか」とうなずいたのですけれども、子どもながらに考えまして、しばらくしてから、「でもお母さん、いい学校に入るのは何のためなの」と尋ねたそうです。するとお母さんは「馬鹿だね、この子は。いい学校に入るのは、いい会社に就職するためじゃないか」。わかりやすいですね、目的が明らかです。そうするとその子は、「ああ、そうか、よくわかった」。でもまたしばらくして、「お母さん、いい会社に入るのは何のためなの?」。いい会社に入るということの、目的です。あなた方はどう考えますか? お母さんは「馬鹿だね、この子は。いい会社に入れば、いい給料をもらって、いい生活ができ、いい役職に就《つ》いて、皆から誉《ほ》められたり、立派だといわれるじゃないか」。「うーん、そうか」といっていたその子は、また考えたのです。

この子は、仏教学は学んでいなかったかもしれないけれども、仏教でいう生《しょう》・老・病・死といういのちの事実—生まれた者は老い、病み、誰のせいでもなく、いのち終わっていく、その順序の通りに聞いたのです。

「でもお母さん、社長や部長になっても、やがて人間は死んでいくんでしょう？」と尋ねたら、「馬鹿だね、この子は。社長や部長にもなっていれば、お葬式の時に花輪がたくさん並ぶじゃないか」。そういったら、その子は、「あ、そうか、お母さん、よくわかったよ、今僕が一所懸命勉強するのは、自分の葬式の時に花輪がたくさん並ぶためだったんだね」と答えたというのです。明快な答えですが、どうでしょうか。笑うに笑えないというのは、こういうことでしょう。

でも、私たちの今の勉強の仕方はどうなのでしょうか。いったい何のために、私たちは学んでいるのでしょうか。花輪のためですか？　ちょっと淋《さみ》しい話ですね。いい会社に入るためですか。それだけが人生の目的ですか。人より一円でも多い給料をもらうためですか。そういう勉強の仕方を、今までしてきませんでしたか？　人より一点でも多い、一ポイントでも高い偏差値を取ることがいいことなんだ、そういう勉強の仕方は、私が本当に生きるということと、どんな形でつながっていくのでしょうか。

それぞれのいのち

文化人類学の上田紀行先生が、面白い話を紹介してくれました。東南アジアの、皆さんくらいの若者に「あなたはいくつですか」と尋ねるのです。すると「うーん、たぶん十七」とか、「たぶん二十歳」という返事が返ってくるそうです。もちろん都市部ではもうそんなことはないそうですが、漁村とか農村では、今でも「たぶん」というのがつくそうです。変だな、と皆さんは思われるかもしれないけれども、変だなと思っているその発想そのものについてちょっと考えて欲しいのです。

上田先生は、こうおっしゃっています。同じ質問を日本でしたとする。中学生の女の子に、君いくつと尋ねる。それで「私、十四歳です」というと、日本社会の大人たちはみんな同じことしかいわない。判で押したように「そう、高校受験たいへんだね」と。あたかも十四歳の少女の関心事は、高校受験しかないかのような、いわば決めつけをしている、とおっしゃっていました。

十四歳の少女が、たとえばＮＧＯ活動を通して、世界の恵まれない子どもたちが飢えとか貧困とか病気から解放されていく道について、一所懸命考えていたとしても、おかしくないですね。ところが、日本の社会は、十四歳の少女の関心事は高校受験しかないのだと、一ポイントでも友だちより点数が高いことがいいのだと、いい学校に入ることがいいのだと、そういうことを気がつかないうちに周《まわ》りの社会が子どもに押しつけている。すると、押しつけられた方もそれが当たり前だと思い込んでしまう。それだけが人生の目的であるかのように思ってしまっている、そういう社会ができつつあるのではないか、とおっしゃっていました。

今日お参りさせていただきましたこのお仏壇の阿弥陀さまの前には、とても立派なお花が供《そな》えられていますね。これは極楽鳥花、ストレッチアというのでしょう。極楽にいる鳥の頭ような形をしていますから、極楽鳥花というのです。きっと高い花なのでしょうね。あと、千両もあります、それからこれは菊ですね。菊はそんなに高い花ではありません。ここにはお供えされていませんけれども、雑草のタンポポという花がありますね。あれはたぶん、お金を出さなくても摘《つ》んでこられる花だと思います。

私たちの社会は、経済効率がいいこと、お金を一円でも儲《もう》けることが価値があることだ、という考え方になっています。いつの間にか、極楽鳥花は高い花だから価値がある、タンポポはゼロ円だからたいしたことない花だ、そういうものの見方が染み込んでいるのではないでしょうか。

でも、あの派手な、立派な極楽鳥花に向かって、「あんたはちょっと派手過ぎるから、もうちょっと地味になりなさい」といったら、なれますか？　逆に、タンポポに向かって、「あんたは地味な花だから、もうちょっと派手になりなさい。そうでないと認められませんよ」といっても、これも困《こま》りますね。

タンポポはタンポポでいいんじゃないでしょうか。極楽鳥花は極楽鳥花でいいのだと思います。しかもそれぞれの花が、地球にいのちが生まれてから三十八億年のいのちの歴史の中で、あの花でしか咲けない咲き方で、しかも一回限りのいのちを今ここに生きているのではないですか。

皆さんのいのちも、同じ地球に同じように生まれました。三十八億年のいのちの流れが一回もとぎれることなく、あなたに届きました。しかも一回限りのいのちを、今を盛りに生きています。いろんないのちがあるでしょう。そのあなたに向かって、あなたはもうちょっと派手にならないといけないとか、もうちょっと点数を上げなければ認められないぞという物差しは、何か正しいように思ってきたけれども、どうなのかなと考えてみる必要があるのではないでしょうか。

確かに私たちは、人生に対して目的を持って、その目的を目指して生きていきます。そのためにはお金も必要であり、高い知識も必要だとか、いろんなことを考えます。でも自分の意図した通りになることだけ、思い通りになることだけが最大にして唯一の幸せで価値があることなのだと思い込んでいたら、自分の思い通りにならないことに出会った時に、私たちは「こんなはずじゃなかった」と、自分のいのちを自分でさいなんでしまうことになるでしょう。つまらないいのちだ、ダメないのちだ、面白くないいのちだと、自分で作った物差しで自分自身を裁《さば》いてしまうことになるのではないでしょうか。

私たちの周《まわ》りには、そういうものの見方が多い。より効率よく、一点でも多く、経済的に豊かに生きることに価値があるのだと思いがちですけれども、でも何か生きているなあという実感、三十八億年の流れの中のいのちを、今生きているなという実感は失われがちです。

いのちをモノ化する

コンビニエンスストアで、私は時々買物をするのです。築地本願寺という、銀座から歩いて十分くらいのところにあるお寺の、すぐ近くのコンビニで買物をした時のことです。目の前にいた二十五、六歳の髪の毛の長い女性が買物をし終わった後で、私はレジの男性に尋ねたのです。

「ちょっと、聞きたいのだけれども、今、買物をしていった、OLふうの女性がいたでしょう。あの人、今ここに商品を置いて、あなたがいくらですよといったら千円札を出して、おつりとレシートと、それから商品を持って出ていく間、一言もしゃべらなかったけれども、ああやって何にもしゃべらないで買物をする人は、何割くらいいるんですか」と。皆さん方は、どのくらいいると思います？　まあ、最近のことだから、六割か七割くらいはしゃべらないのかな、と私は思ったのですが、「僕はアルバイトで、まだ三カ月ほどなので、詳《くわ》しいことはわからないんですけれども、だいたい九割くらいの人は、何にもしゃべらないで買物していきます」と、その青年は答えてくれました。

私は時々「雨ですね」と声をかけます。そうすると、店の人から「そうですね、時々降らないと、樹木もかわいそうですからね」なんていう返事が返ってきたりして、ホッとしたりします。でも多くの場合は、「雨だね」とか、「寒いね」とかいっても、それに対応するマニュアルがなくて教えられていませんから、困《こま》ってしまうアルバイトの店員さんも多いんですよ。目の前に血の通っている人がいながら、無言で買物をする。これでは、自動販売機を前にして買物しているのと、同じではないですか。

目の前で語りかけてくれる人がいるのに、それをいのちある人だと受け止めないで、まるでテレビでも見ているのと同じように、あくびをしながら、頬杖《ほおづえ》をつきながら話を聞いているとしたら、これはいのちの出会いではないですね。効率よく、目の前のものを利用していくことになってしまう。さきほど自分の人生の目的はこうだと決めつけると、それに対して自分のいのちそのものが、その目的のための道具や手段になってしまうと申し上げましたけれども、それと同じように、自分の目の前の人を、自分が買物をするのに効率よく利用していくというのは、まるでモノ化して見てしまうことにならないでしょうか。

今から八百年近く前に、こういうことをもうすでに考えて、書物に書いている方がいました。親鸞聖人という方です。主著である『教行信証《きょうぎょうしんしょう》』の第六巻目に、「化身土巻《けしんどかん》」という巻があります。そこに「他化自在天《たけじざいてん》」という言葉が出てきます。その意味は、他の存在を自分の都合を満たすために自由自在に利用していく、そういう自分にとって居心地のよい天のようなあり方のことです。

でも仏教で学んだでしょう？　天というのは、地獄・餓鬼《がき》・畜生《ちくしょう》・修羅《しゅら》・人間・天という、六道輪廻《ろくどうりんね》、迷いの世界の一つですから、どんなに居心地がよくても、それは自分を苦しめ相手を苦しめる迷いのあり方でしかない。目の前にいのちの通《かよ》っている人がいながら、その人をいのちあるものとして受け止められず、モノ化して見てしまう、そういう見方というものを私たちは気がつかないうちに作っています。自分の都合が効率よく通るために、経済的に、合理的に利用していけばそれでいいのだ、それのどこが間違っているのだ、という生き方は、お互いのいのちをモノ化しているということを、私たちに先立って八百年近く前に見届けておられた方が親鸞聖人でした。

気がついてみれば私たちは、このようにいのちをモノ化して見る見方をいつの間にか、当たり前のものとして受け止めています。確かにそれは、自分にとって便利、快適この上ない生き方でしょう。

でもちょっと考えてみてください。この講堂は冬でも暖《あたた》かです。科学技術によって、私たちは一年中、エアコンディションのきいた、同じ湿度、同じ温度の部屋に暮らすことすらできるようになりました。でも、たとえば、夏の暑い日、汗をかきながら歩いた後で、大きな樹を見つけて、その木陰でサーッと吹いてきた一陣の涼風に、ああ生き返ったというような、気持ちのよさ、爽《さわ》やかさを感じるというようなことは、効率的で快適な生活に慣れ親しんでいると、分からなくなってしまうでしょう。

あるいはまた、今日のように寒い時に、凍《こご》える手をさすりながら訪ねていったお家で、

「寒かったでしょうね。どうぞ中に入って、これでも飲んで暖まってください」と出してくださる、その人の心の温《あたた》かさが、そのあたたかい飲み物を通して伝わり、「ああ、ありがたいな」という実感として湧いてきます。

自分の都合をどこまでも満たすことだけが幸せなのだと思っている限り、そういう自分の生きている実感を、見失うということがあるのではないでしょうか。

恵まれたいのち

京都の大谷大学の仏教学の小川一乗先生が、学生部長をしておられた時のことです。ある学生が部長室にやってきて、「ちょっと時間いいですか」と聞くので、「どうぞ入ってください」というと、真っ青な顔をして立っている男子学生が、開口一番、「僕、死にます」というのだそうです。後で他の先生方に聞いたら、「学生部長をしていると、そういう例はよくあることだ」といわれたそうですが、小川先生にとっては初めての体験だったそうです。「僕、死にます」と、学生はいうのです。大学時代はある意味で多感ですね。

小川先生は、びっくりして、「それじゃ死になさい」というわけにもいかないので、「どうしたんだ、失恋でもしたのか」と尋ねると、「先生、そんな低次元な問題ではありません」というのです。「そうか。僕は恋愛は低次元な問題だとは思わないけれども、いったいどうした。顔色も悪いし、具合でも悪いのか」と聞いたら、「三日ほど何も食べていません」という。

これはやっかいなことになるな、と思って、坐らせたそうです。それで、「どうしたんだ」、と。話を聞いてみた。すると、その学生が「生きているって、むなしいことですよね」というのだそうです。

「どういうことだ」と聞いたら、「僕は真面目に勉強しているつもりだし、大学もたぶん四年間で無事卒業できると思います。卒業したら、ある程度のところに就職もできるでしょう。いずれ好きな人ができれば、結婚もするし、子どもにも恵まれるかもしれません。一所懸命仕事をすれば、ある程度の役職にも就くし、ある程度の蓄《たくわ》えもできるでしょう。地位も名誉も得られるかもしれない。しかし、いったいそれが何だっていうんですか？　五十年たったら死んでしまうのでしょう？　どんなに地位や名誉を与えられても、あるいはどれほどあくせく働いて、家族や子どもに恵まれたとしても、五十年たったら死んでしまうのでしょう？　先生、人生ってむなしいですよね」と、こういうのです。

それに対して、先生が、「本当に、君のいう通りだな。人生はむなしいな」というと、その三日間何にも食べない学生は、恐いような目をして、ギッとにらんで、「じゃ、先生はいったい何のために生きているんですか」と尋ねたのです。

小川先生は、こういったそうです。「君のいっている学歴だとか、職業だとか、家庭だとか、子どもだとか、財産だとか、名誉・地位だとか、そんなものはいずれ全部消え果てて行く。そんなものは一時の幻《まぼろし》にすぎない。そういうものに生きがいを持っていれば、それだけが人生の目的だと考えていれば、それは一時しのぎにすぎないだろう。生きがいでも何でもない、そんなものを頼りにしていれば、人生はむなしくなるに決まっている。それについてはまったく君と同感だ。ところで、君にはお父さんはいるのか、お母さんはいるのか。お二人は健在なのか」と聞くと、「はい、元気でいます」という。その青年は、ソファーに坐ったまま答えたのだそうです。「そうか、それじゃ君が死んだら、お父さんお母さんは、どんなにか悲しむだろうな」というと、ソファーに坐っていたその学生は黙り込んで、下を向いてしまったのだそうです。そして、膝の上においていた拳《こぶし》をブルブル震わせると、涙をその上にポトポト落としたのだそうです。

彼は二十歳の学生です。三日もごはんを食べずに人生の生きる意味は何かと、探《さが》し求め、生きる価値はどこにあるかと考え続けたのです。ごまかしたり、目先のものにとらわれたりして、いいかげんに生きるのは嫌《いや》だと思い、だから死んだ方がマシだと思いつめたのです。その時に、先生の「死ねばお父さんお母さんが歎《なげ》き悲しむだろうな」というこの一言で、彼は泣き出したのです。その事実に、彼はそれまで気がつかなかった。当たり前のことかもしれませんが、当たり前のことに私たちはなかなか気づけないのです。

小川先生は、続けてこうおっしゃったそうです。「君がいったようなことだけを頼りに生きるのなら、それはむなしい。ただ一つ、はっきりいいたいことがある。君のいのちは、君のいのちが失われた時に、歎き悲しむお父さん、お母さん、それにもっと大きないのちの世界を通して、今息づいているいのちなのだよ。具体的には君のお父さんお母さんの涙という形で表現されるけれども、その涙というのはもっと大きくて、広くて、深い世界から、うながされて出てくる涙なんだよ。その涙の根っこは、広くて深いもので、君のいのちが失われたら涙する。そういういのちの世界から、君のいのちは息づいているのだよ」と話されたのだそうです。

最後に「どうしても死にたいというのなら、もう一度だけ、自分のいのちの上に息づいている、そのいのちに向かって、本当に死んでもよろしいでしょうか？　と尋ねてみて、それから死になさい」といって別れたそうです。

高史明《コ・サミョン》さんという作家がいらっしゃいます。在日朝鮮人の方です。息子さんを自殺で亡《な》くされています。そんなこともあってか、いろんな自殺願望の人が次々に訪ねてくるそうです。

武蔵野女子大学にお招きした時に、聞いたお話です。「そんな時、先生はどう答えるのですか」と聞いたら、「私はこういいます。あなたは、自殺したいと、頭でいっているでしょう? ちょっと尋ねてみてください。あなたの口にごはんを運んだあなたの手に尋ねてください。あなたの手は死にたがっていますか。あなたを今日ここまで運んでくれた、大地をしっかりと踏みしめているあなたの足の裏は死にたいといっていますか。あなたの手と、足の裏に尋ねてから、それから自殺を考えなさい」とおっしゃいました。

さて、小川先生は、そういってみたものの、それからずっと気にかかっていた。一週間、十日たっても、その学生はやってこない。電話がかかってくるたびに、ドキドキするわけです。自殺したんではないか、と。自分がまいってしまうくらいだった。ところが、そのうちその学生は、ニコニコ元気でやってきて、「自殺はやめました」といったそうです。そして、大谷大学を卒業したら、京都大学の法学部に入って、もう一度自分の人生を考え直す、といったそうです。先生は、「それで結構ですよ」とお別れしたのだそうです。

職業、家庭、名誉、財産、そういったものは皆、五十年たてば失われますよ。でも、それでもなお五十年の人生を生きなければならないのが、私たち一人一人のいのちです。

そういういのちを、どんな不幸なことがおころうが、どんな嫌なことがおころうが、自分の一生をしっかりと引き受けていける、そういう人生をどのように見出していくかといえば、私の人生、私のいのちは私だけのものではなかった、多くのいのちによって支えられ、恵まれた人生であり、いのちだったという、当たり前のことに気づくことよりほかはないのです。つまり、私自身の上に、はかり知れない多くのいのちによって為されたことを知るという生き方が、私の一生をしっかり引き受け、その人生に深い意味を見出すことになるのです。すると、そこから「感謝」が生まれるのです。

「感謝」の「感」は、実感を持つということです。何に実感を持つか、それは限りない恩恵をいただきながら当り前のつもりで生きている、つまり謝《あやま》らざるを得ない生き方をしている私だったという実感でしょう。報恩講は、これを機にしてお互いのいのちを深く見つめていく行事でありましょう。

あとがき

世の中で起こるさまざまな出来事や身の回りに生じる雑事を通して綴《つづ》ったり、語ったことをアトランダムに記《しる》したのが本書です。そのため、きちんとした統一性や、連続性がありません。どこから読み始めても、また、どこで終えてもよいのが特徴です。

Iは、一九九九年度『本願寺新報』に一年間連載された、「お寺に行こう」に手を入れ、全体の調子を揃《そろ》えるために順番を変え、さらに数編加筆しました。これは、若い人を想定にした仏教入門、真宗入門のつもりです。

IIは、二〇〇一年一月、福岡の筑紫女学園の報恩講で、大学生諸君の前でお話しした講演です。その聞く姿勢に私の話が引き出されるような雰囲気がありました。全体を少し削《けず》り、Iの話との重複を避けてまとめました。

本願寺新報社も、また筑紫女学園も、気持ちよく転載を快諾いただき、ありがとうございました。とくに、本願寺新報社の油小路宗亮記者、並びに筑紫女学園の小山一行教授には、大変お世話になりました。

いずれも、仏教用語や教義を説明しようとしたものではありません。むしろさまざまなことがご縁となり、私がいかに真実にそむいているかということに気づかされた表白です。私にとって、真実の喚《よ》びかけに生きるとは、教義の解説を知ることではなく、常に時代・社会との関わりの中で、一仏教者、一念仏者として私はどんな生き方をしているかと日々、問いかけられ、課題を与えられることだと思います。

とくに今日、「いのち」という言葉が使われます。しかし、私たちは「いのち」の容《い》れ物を他と比較して、優越感と劣等感の中で、一喜一憂して、「いのち」そのものを見失なっています。

「いのち」は本来ご縁によって、老いた姿にも、病んだ姿にも、障害ある姿にもなってあらわれています。

「いのち」を見失なっている私たちが、イキイキとした「いのち」の実感を回復していきたいという願いをもって、タイトルを「いのち、見えるとき」としました。

この書を通してお互いの「いのち」の尊さと、それに気づかせる如来さまの真実が、多くの方々に伝わる仏縁になれば幸甚です。

最後に、法藏館の畏友、池田顕雄さんのご助言とリードでようやく出版に至りました。心より御礼申し上げます。

仏暦二五四五（二〇〇二）年六月三〇日　父釋静彰の祥月命日

本多靜芳

本多静芳（ほんだ　しずよし）
1957年東京築地に生まれる。慶應義塾大学文学部哲学科卒業（科学哲学を専攻）。東洋大学大学院文学研究科仏教学専攻博士課程満期退学。武蔵野大学薬学部助教授を経て、現在、東洋大学非常勤講師・東京仏教学院講師・浄土真宗本願寺派万行寺住職・アーユス仏教国際協力ネットワーク理事・念仏者九条の会東京代表。専門は、浄土教の社会性と仏教者の社会実践について。
著書『歎異抄に学ぶ大乗仏教入門』（国書刊行会）、『改訂新版「歎異抄」を読む』（角川学芸出版）、『親鸞入門』（共著、永田文昌堂）、『戦争と追悼』（共著、八朔社）、『真宗と社会「真俗二諦」問題を問う』（共著、大蔵出版）他。
万行寺：東京都東村山市恩多町2-29-91

いのち、見えるとき

二〇〇二年六月三〇日　初版第一刷発行
二〇一四年四月一〇日　初版第九刷発行

著　者　本多静芳
発行者　西村明高
発行所　株式会社 法藏館
六〇〇-八一五三
京都市下京区正面通烏丸東入
電話　〇七五-三四三-〇〇三〇（編集）
　　　〇七五-三四三-五六五六（営業）

印刷・リコーアート　製本・清水製本所

ISBN978-4-8318-8128-1 C0015